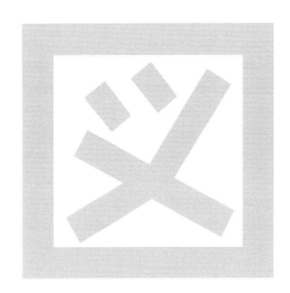

Fig.4 | Scale of Architecture

Group Z

Tokai University Press, 2018

ISBN978-4-486-02169-8

図4 ｜ 建築のスケール

図研究会

東海大学出版部

目次

006 はじめに   012 円形平面   032 コラム①   034 正方形平面   052 コラム②
                                            世界認知の幾何学   領域としての正多角形

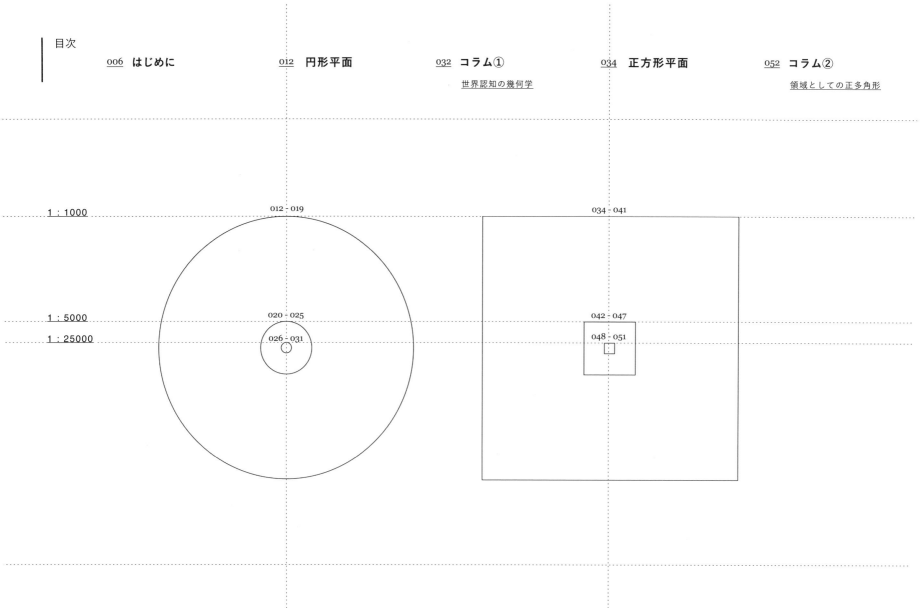

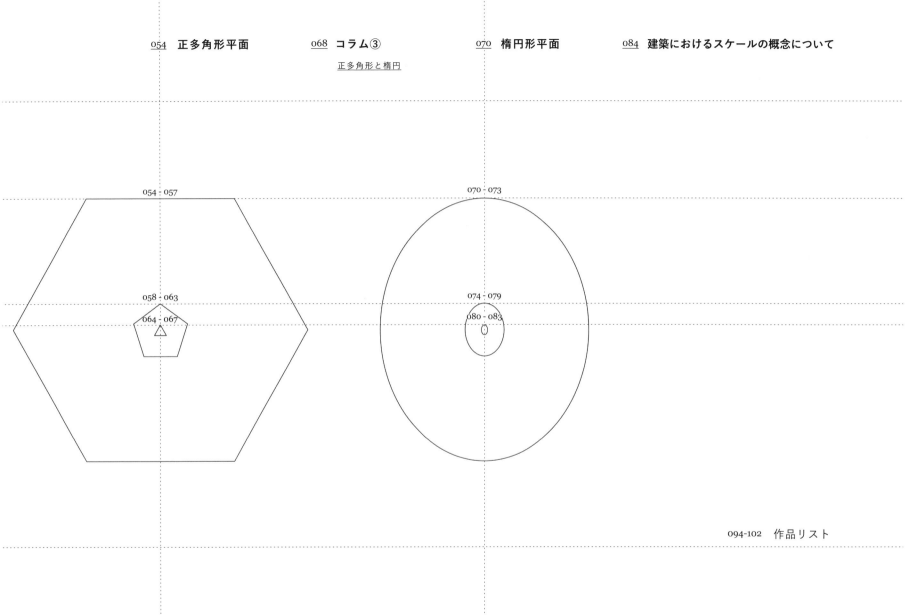

054　正多角形平面
068　コラム③
　　　正多角形と楕円
070　楕円形平面
084　建築におけるスケールの概念について

054 - 057
058 - 063
064 - 067

070 - 073
074 - 079
080 - 083

094-102　作品リスト

はじめに

本書の目的と概要

　建築の設計，あるいは建築の評価において，寸法や距離，大きさや規模を示す数値を通してスケールを的確に把握することは，普遍的かつ本質的な問題であるがゆえに，もっとも見すごされてしまう側面であるといえる．こうしたスケールの把握の欠如は，近年の建築設計教育の急速なデジタル化において陥りがちな問題でもある．このような状況の中で，本書は既刊の拙著である『図』シリーズ[1]の続編として構想された．本書の内容を端的にいえば，世界中に存在する多種多様な建物の形を，同一尺度のもとで閲覧し比較するための〈図集〉である．

　一般に建物は不動のもので，その場所を訪れない限り建物の実際の様子を詳しく窺い知ることはできないが，今日の情報化社会において，その建物に関する様々なデータについては，例えば書物やインターネット等を通じて簡単に収集することができるようになった．しかしながら，我々が事前に十分な知識をもって実際の建物を訪れたとしても，その建物の外観の形状や色彩に対しては

ほぼ予想通りであるものの，全体の大きさや空間の寸法に対しては想像とは異なる印象をもつことが多い．それは建物の大きさや寸法に対する認知の低さに起因すると思われる．

　そこで本書では，建物そのものの大きさや寸法，すなわち〈スケール〉に着目し，世界中に存在している様々な建物の全体プラン（＝平面外形）を同一の尺度のもとに羅列することで，建物の平面的な大きさを比較するための図集を製作した．いわばデュラン比較建築図集[2]の汎用版といえるものであるが，本書の中で特に比較対象とした建物は，主に円や正方形，楕円や正多角形といった単純幾何学形状の平面外形をもつものに限定している．

建築平面の象徴性

　本書では，建物を真上からみた形，すなわち各建物の屋根伏図あるいは平面図の外形図形を扱っている．一般に建物の全体の印象を形づくっ

ているものは，ファサードと呼ばれる立面図である．ファサードは建物の〈顔〉であり，それゆえ図像（＝アイコン）としての象徴的な役割をもつ．一方で，建物を真上からみた図，すなわち鳥瞰図や屋根伏図は，建物のプランの全体構成を示しているとはいえ，通常はみることができない不可視のものである．しかし，今日の空撮技術や衛星画像の急速な発達によって，我々は様々な建物の形を，間接的ではあるが，上空から望むことが可能となった．天空に向かってつくられたファサードを，人々が簡単に共有できるようになったというわけである．

　建築平面に単純な幾何学図形を用いた建物の例としては，歴史的に宗教的な意味合いをもつ建造物や，自立性や完全性を求めた理想宮や理想都市，あるいは技術的アプローチと機能的アプローチの結果として合理的に構築された近代建築などがあるだろう．いずれも，強いジオメトリーを平面形に用いることで，平面外形そのものが一種のアイコン（＝図像）として機能し，そのアイコンが建物自身の自立性を高めているといえる．そもそも，単純なジオメトリーを用いたモノリシッ

クな建物は，スケールを幻惑させる効果をともなうものであるといえるが，こうしたデザイン手法は，今後ますます複雑化し多様化していく社会において，かえって神話性をもたらすものとなるだろう．

　このように，円，正方形，正多角形，楕円といった単純な形態を平面図形として用いた建物は，様々な時代，様々な地域に存在しているが，たとえその立体的な形状の多様さを無視したとしても，平面図形そのものの大きさの中に類似性と差異を見出すことができる．円形平面の直径寸法，あるいは正方形平面の一辺のサイズは，どのように決定されているのだろうか．建物の内部機能，構築の技術，周辺環境の状態，建設コストなど，こうしたファクターの複合的な要因として建物の規模が決定されることは容易に想像がつくが，一方で，建物の平面構成（＝コンポジション）を規模（＝スケール）を通して読み取ることも可能である．あるいは，単純幾何学形態をなぞるアウトラインの微妙な変化の中に，建物そのものの特徴を見出すこともできるかもしれない．

縮小されたモノあるいは空間

スケール（＝尺度）とは，本書の後編でも詳しく述べているように，多面的な意味を内包するものであるが，一般的な意味合いは，例えば，この空間があの空間とどのくらいの比で縮小／拡大されているかを示す数値である．すなわち，実体としてのモノや空間を大きくしたり小さくしたりすることと深く関係する概念である．我々は，スケール（＝尺度）という概念をもつことによって，モノや空間の大きさの伸縮を想像し楽しむことができるのである．

レヴィ＝ストロースが語っているように[*3]，我々はモノを縮小することでモノの全体像が把握しやすくなり，モノを拡大することでモノのディテールが把握しやすくなる．フィギュアや模型，あるいは盆栽や箱庭といったミニチュアは，小さいがゆえに全体の形やその構成が可視化されると同時に，モノへの愛着心を増幅させる．一方で，巨大な建造物や広大な自然環境，あるいは巨大彫刻や大仏などを目の前にすると，我々はそこに畏怖の念を抱くだろう．すなわち，モノの縮小／拡大の操作によって，そこには愛玩／畏怖といった欲望の

イメージがもたらされることになる．

縮小された建物の場合はどうか．例えば，リミニのミニチュア園，深圳の世界の窓，バンコクのムアンボーラン，コインブラのミニ・ポルトガル，広島の縮景園，東武ワールドスクエア，といったテーマパークを訪れてみると，通常では不可能な視点から，少しだけ歪んだプロポーションの建物を俯瞰的に眺めることができる．さらに，ディズニーランド，ラスベガス，マカオ，オランダ村，キッザニアのようなアミューズメント空間においては，我々が知っている現実より少しだけ縮小され圧縮された空間がつくられることで，逆に我々は自分の身体が少しだけ拡張し解放された気分を味わうことができるといえよう．

コンパクトディスクの直径は，地球の直径のほぼ1億分の1であることをご存知だろうか．CDのような身近な工業製品から，円形家具，円形住宅，円形劇場，円形庭園，円形都市，そして人工環境や自然環境に至るまで，我々を取り巻く環境世界には様々な大きさの円が存在している．1：1の尺度から1：1億の尺度までを使って，それらを連続的に並置してみることは魅力的である．しかしながら本書では，特に建築物の平面外形に焦点をあてることとして，円

形平面に加えて正方形平面に着目し，さらに正多角形平面や楕円形平面を含めて，地球上に現存する建築物を１：１０００〜１：２５０００の縮尺範囲に留めて表記している．

本書の構成

　本書は大きく二編によって構成されている．

　前編の「建物の平面外形」では，地球上に存在する様々な建物の形の大きさを具体的に比較するために，まず，あらゆる建物の全体プランである平面形状に着目し，ほぼ同一の形状をもつ建物をその形状ごとに収集し，それらを同一尺度の中に並べることで，建物の大きさの比較のビジュアル化を図っている．ここで，同一の形状として取り上げる平面形状は，円，正方形，正多角形，楕円といった単純幾何学図形に限定している．一方，同一尺度として設定した縮小率は，本来は単一尺度で統一すべきであるが，誌面のサイズの都合上，建築や都市を表記する上でもっとも一般的であると思われる 1/1000，1/5000，1/25000，の５倍率の３種類としている．さらに，それぞれのサンプルが実在する場所を，QR コードによるグーグル・アースの位置情報によって確認することができるようになっている．なお，図形が変換するつなぎのページには，異なる単純幾何学図形の間の変化のプロセス（＝メタモルフォーゼ）について解説している．

　後編の「建築におけるスケールの概念について」では，建築の設計や評価において頻繁に使用されるスケール（＝尺度）という概念について，様々な建築家，歴史家，批評家が用いてきたスケールの意味に対する批判的再解釈を試み，さらに生物学などの分野で使用されるスケーリングやアロメトリーといった概念と建築の意匠との関係を導いている．

*1　図研究会著，「図　建築表現の手法」「図２　建築の模型表現」「図３　建築の図形表現」，東海大学出版会，1999 〜 2001

*2　長尾重武編，「デュラン比較建築図集」，玲風書房，1996

*3　クロード・レヴィ＝ストロース著，大橋保男訳，「野生の思考」，みすず書房，1976

コンパクト・ディスク | Compact Disc

scale 1:1

地球 | Earth

scale 1:100000000

円形 | Circle

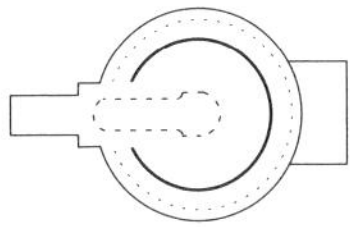

C-013
ガラスの家
Glass Pavilion

C-014
カーサ・ロトンダ
Casa Rotunda

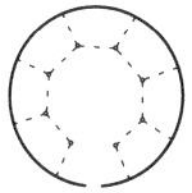

C-015
ワイワイ族の共同住居
Wai-Wai Communal Dwelling

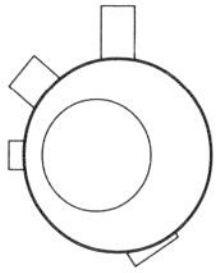

C-016
森の別荘
Villa in the Forest

C-017
ピサの斜塔
Tower of Pisa

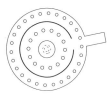

C-018
エピダウロスのトロス
The Tholos at Epidaurus

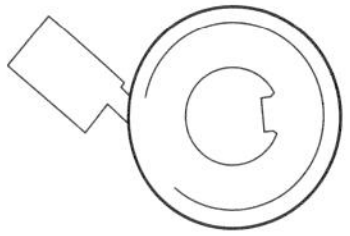

C-019
三愛ドリームセンター
San-Ai Dream Center

C-020
龍の砦
Dragon Fort

C-021
スルプ・プルキッチ聖堂
The Church of the Redeemer (Surb Prkich))

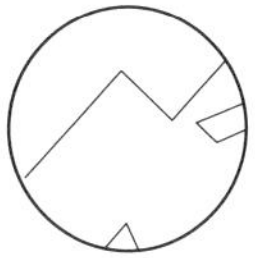

C-022
クリニック / ハウス N
Clinic / House N

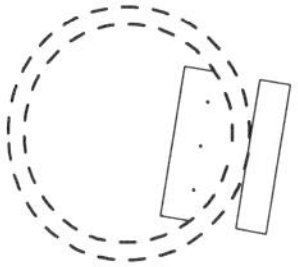

C-023
しらさぎ美術館
Shirasagi Museum

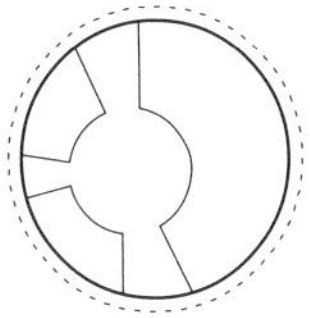

C-024
Gravitecture 大阪城
G//O Gravitecture Osaka Castle

013

円形 | Circle

scale 1:1000

0　　　　　　　50(m)

C-025

C-026

C-027

C-028

C-029

C-030

C-031

C-032

C-033

C-034

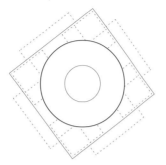

C-025
ラヴィレットの関門
Rotonda de la Villete

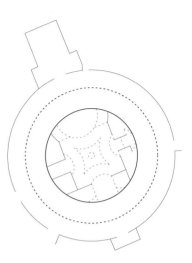

C-026
ヴィラ・アドリアーナ
Villa Adriana

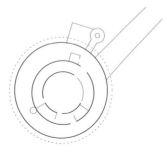

C-027
潟博物館
Fukushima Lagoon Museum

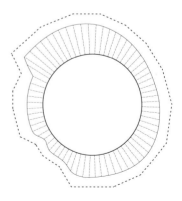

C-028
テンペリアウキオ教会
Temppeliaukion Kirkko

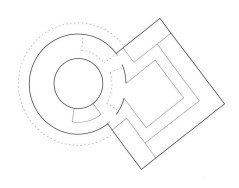

C-029
豊栄市立図書館
Toyosaka City Library

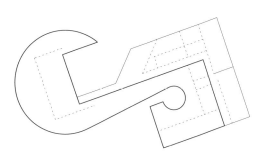

C-030
資生堂アートハウス
Shiseido Art House

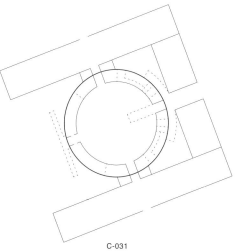

C-031
ストックホルム市立図書館 (p19)
Stockholm City Library

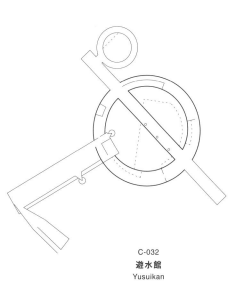

C-032
遊水館
Yusuikan

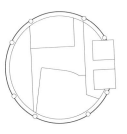

C-033
Menara Mesiniaga

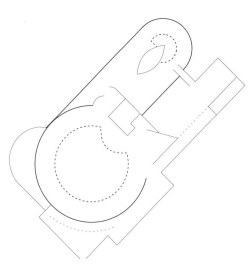

C-034
グッゲンハイム美術館
Guggenheim Museum

015

円形 | Circle

scale 1:1000

0 ────── 50(m)

C-035

C-036

C-037

C-038

C-039 C-040

C-041 C-042

C-043 C-044

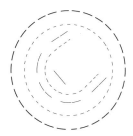

C-035
ストーンヘンジ
Stonehenge

C-036
今治市岩田健母と子のミュージアム
Ken Iwata Mother And Child Museum, Imabari City

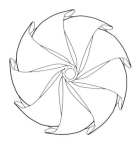

C-037
Baha'i Temple

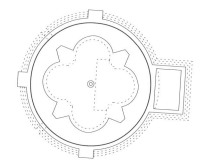

C-038
ズヴァルトノツの教会堂
Zvartnots Cathedral

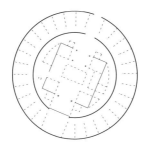

C-039
福建土楼
Fujian Tulou

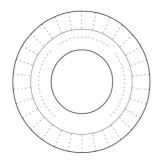

C-040
新横浜プリンスホテル
Shin Yokohama Prince Hotel

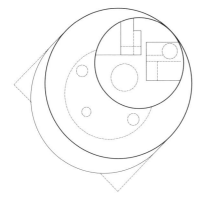

C-041
ブラバトニック公共政策大学院
Blavatnik School of Government

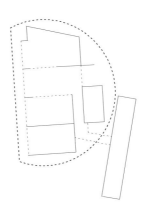

C-042
八千代校舎施設
Tsuru Gakuen Yachiyo Campus

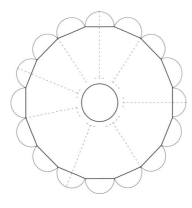

C-043
マリーナ・シティ
Marina Towers Condo Association

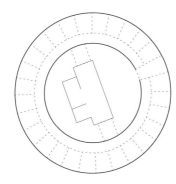

C-044
愚者の塔
The Narrenturm

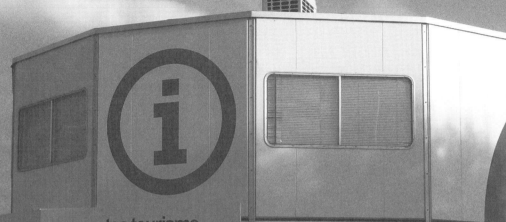

C-010
トータル社サービスステーション (1969)
Total Filling Station, Nantes, Jean Prouvé

C-031
ストックスホルム市立図書館 (1928)
Stockholm City Library, Erik Gunnar Asplund

円形 | Circle

scale 1:5000

0 250(m)

C-101	C-102	C-104
C-105	C-106	C-107
C-108	C-109	C-110
C-111	C-112	C-113
C-114	C-115	C-116
C-117	C-118	C-119
C-120	C-121	C-122

C-101 シャイン・ドーム
The Shine Dome

C-102 すばる望遠鏡
Subaru Telescope

C-103 Solo House

C-104 東京スカイツリー
Tokyo Skytreee

C-105 御杖小学校
Mitsue Primary School

C-106 フィンランド森林博物館
The Finnish Forest Museum

C-107 30 セント・メリー・アクス
30 St Mary Axe

C-108 パンテオン (p24)
Pantheon

C-109 ニテロイ現代美術館
Niterói Contemporary Art Museum

C-110 サント・ステファノ・ロトンド
Santo Stefano Rotondo

C-111
羽田クロノゲート
Haneda Chronogate

C-112
ブラジリア大聖堂
Cathedral of Brasilia

C-113
都幾川村文化体育センター
Tokigawa Sport-Culture Center

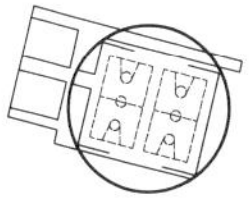

C-114
London City Hall

C-115
太田市総合ふれあいセンター
Ota Central Community Center

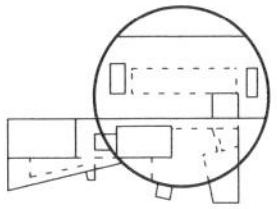

C-116
国際芸術センター青森
Aomori Contemporary Art Centre

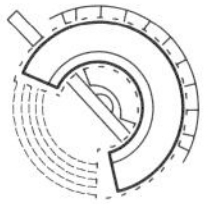

C-117
菊水円形歩道橋
Kikusui Circular Pedestrian Bridge

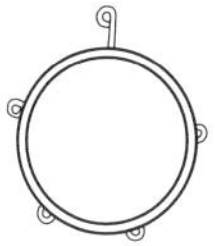

C-118
ポーラ美術館
Pola Museum of Art

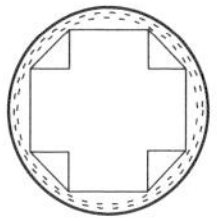

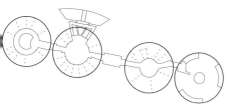
C-119
ウィーンのガソメーター
Gasometers of Vienna

C-120
スポーツ・パレス
Palazzetto dello Sport, Roma

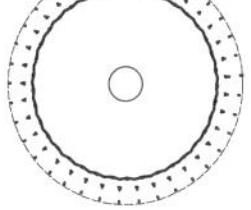

C-121
サンタンジェロ城
Castel Sant'Angelo

C-122
ブルス・ド・コメルス
Bourse de Commerce

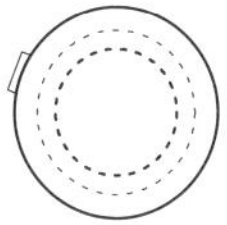

円形 | Circle

scale 1:5000

0 ——— 250(m)

C-123

C-124

C-125

C-123
スペイン文化遺産研究所本部
Spanish Cultural Heritage Headquarters

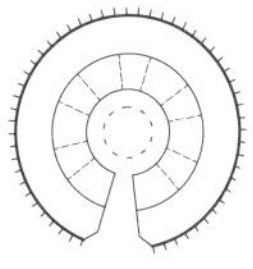

C-124
ティツゲン学生寮
Tietgen Domitory

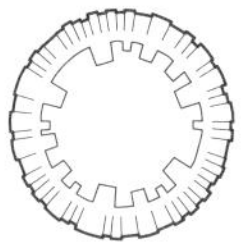

C-125
The Druzhba Sanatorium, Yalta

C-126

C-127 C-128

C-126
バイオスフィア
Montreal Biosphère

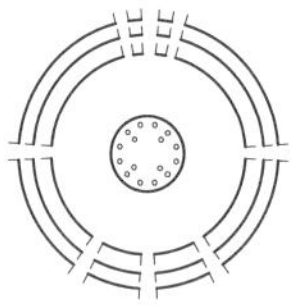

C-127
天壇
Temple of Heaven

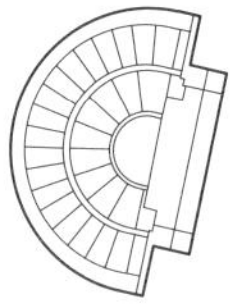

C-128
アスペンドスの劇場
Aspendos

C-129

C-130

C-131

C-132

C-133

C-134

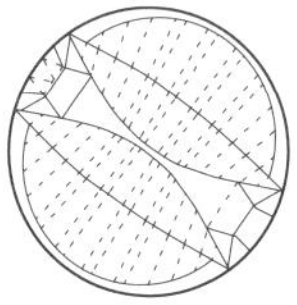

C-129
東京体育館
Tokyo Metroporitan Gymnasium

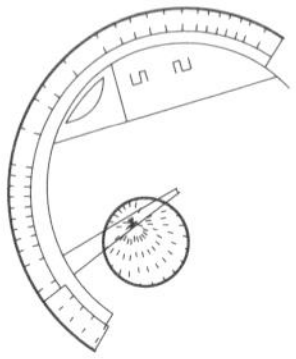

C-130
サーメ議事堂
Sami Parliament of Norway

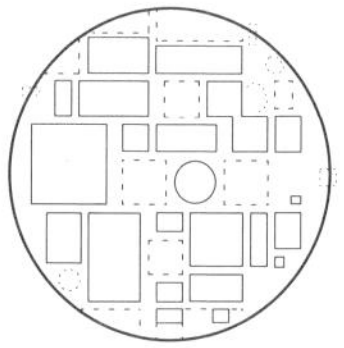

C-131
金沢21世紀美術館
21st Century Museum of Contemporary Art, Kanazawa

C-135

C-136

C-137

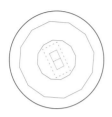

C-132
ウィンブルドン No.1 コート
Wimbledon No.1 Court

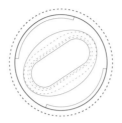

C-133
ベルリンオリンピック自転車競技場
Velodrom

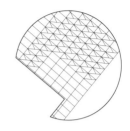

C-134
アレキサンドリア図書館
Bibliotheca Alexandrina

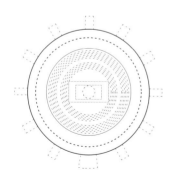

C-135
パラロットマティカ
PalaLottomatica

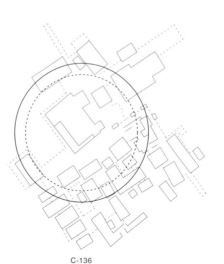

C-136
ルーブル・アブダビ
Louvre Abu Dhabi

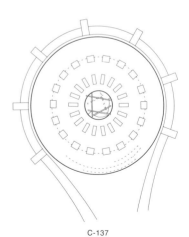

C-137
シャルル・ド・ゴール空港第1ターミナル (p25)
CDG Airport Terminal 1

023

C-108
パンテオン (25 BC)
Pantheon, Rome, Marcus Vipsanius Agrippa

C-137

シャルル・ド・ゴール空港第1ターミナル (1974)
CDG Airport Terminal 1, Paris, Paul Andreu

円形 | Circle

scale 1:25000

C-201　　C-202　　C-203

C-204　　C-205　　C-206

C-207　　C-208　　C-209

C-210　　C-211　　C-212

C-213　　C-214

C-201
シャルル・ド・ゴール広場
Place Charles-de-Gaulle

C-202
横浜スタジアム
Yokohama Stadium

C-203
福岡ドーム
Fukuoka Dome

C-204
マクラーレン・テクノロジー・センター
McLaren Technology Centre

C-205
仁徳天皇陵
Tomb of Emperor Nintoku

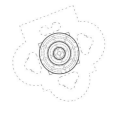

C-206
アルムデナ墓地
Cementerio de la Almudena

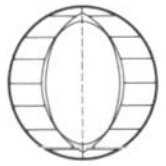

C-207
ビッグアイ
Oita Stadium

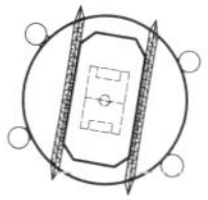

C-208
スタジアム・オーストラリア
Stadium Australia

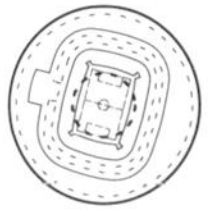

C-209
エスタジオ・ナシオナル・デ・ブラジリア
Brasilia National Stadium

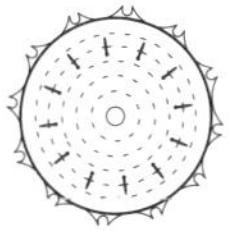

C-210
ミレニアム・ドーム (p30)
Millennium Dome

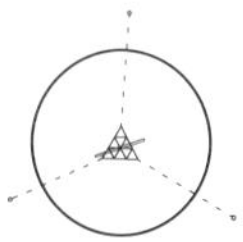

C-211
アレシボ天文台
Arecibo Observatory

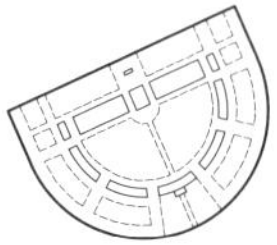

C-212
ショーの製塩工場
Saline royale d'Arc-et-Senans

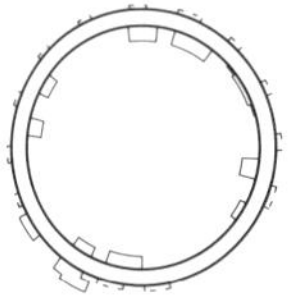

C-213
スプリング8
SPring-8

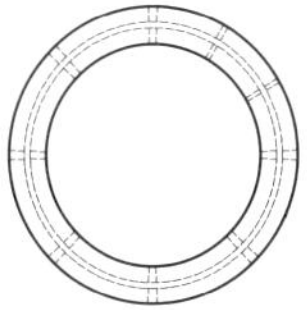

C-214
アップル・パーク
Apple Park

027

円形 ｜ Circle

scale 1:25000

0 ——————————— 1 (km)

C-215

C-216

C-217

C-218

C-219

C-220

C-221

C-222

C-223

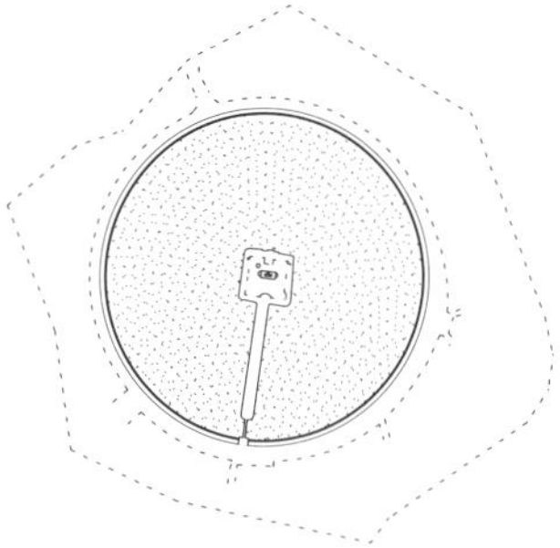

C-215
カンカリア湖
Kankaria Lake

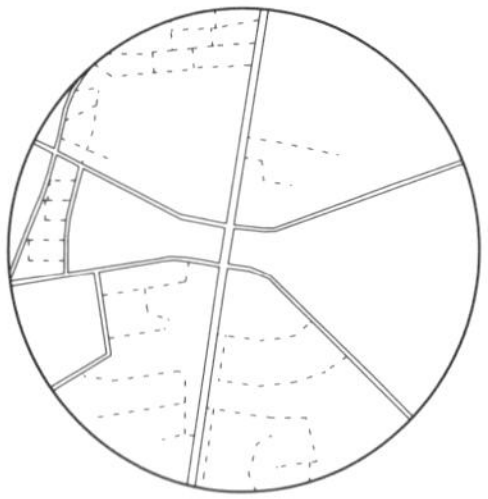

C-216
行田団地
Gyoda Area

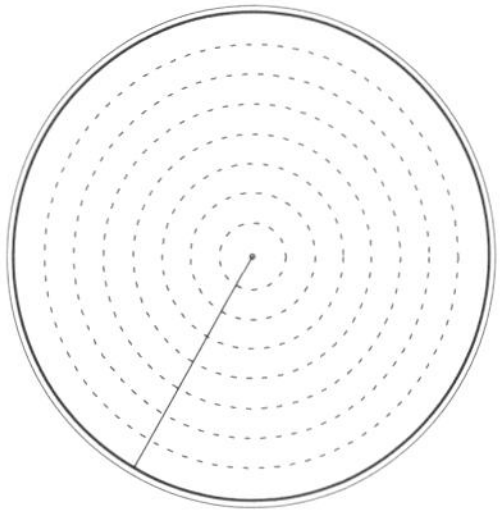

C-217
センターピボットの円形農場
Circular Fields using Center-pivot Irrigation

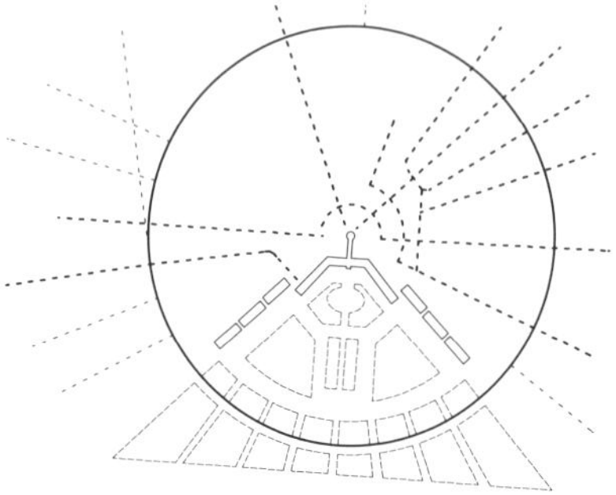

C-218
カールスルーエ城
Karlsruhe Palace

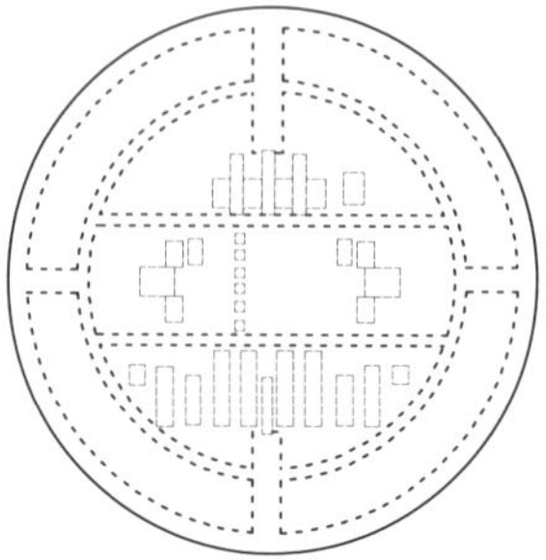

C-219
ダンマームの湾岸宮殿
Qasr Al-Khaleej

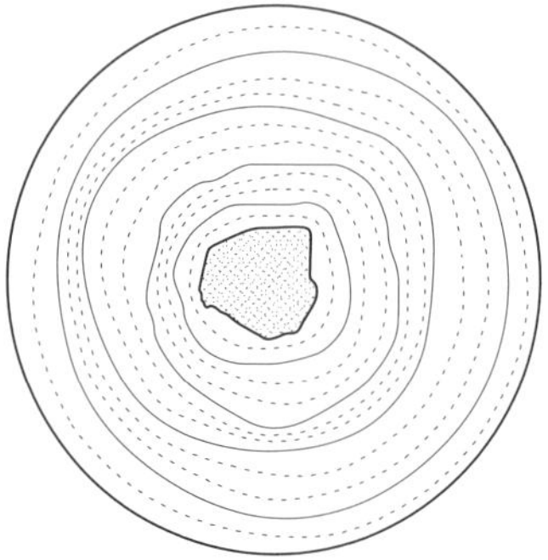

C-220
レトラカネ鉱山
Letlhakane Diamond Mine

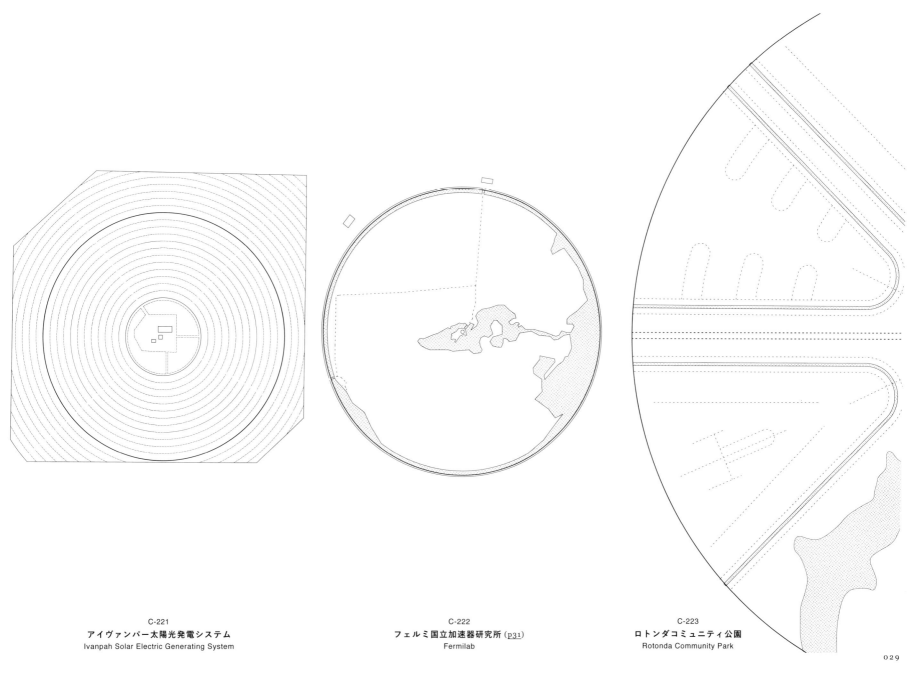

C-221
アイヴァンパー太陽光発電システム
Ivanpah Solar Electric Generating System

C-222
フェルミ国立加速器研究所 (p31)
Fermilab

C-223
ロトンダコミュニティ公園
Rotonda Community Park

C-210
ミレニアム・ドーム (1999)
Millennium Dome, London, Richard George Rogers

C-222
フェルミ国立加速器研究所 (1967)
Fermilab, Chicago

コラム①
世界認知の幾何学

平面や空間を把握して，任意の位置を特定する方法として，座標が用いられる．主なものには，立ち位置を固定して首や頭を回し周囲に視線を向け，その角度と対象までの距離で立ち位置との相対的な位置を認知するような空間の把握を促す「極座標」と，相互に独立した直行する軸によって絶対的な位置を特定する「直交座標」がある．

極座標は同芯の円や球と放射線で表わされ，直交座標は正方形や立方体のグリッドで表わされる．地球という立体上の位置は，緯度と経度という極座標の二つの角度によって特定される．立体の地球球面の緯度と経度を，地図という平面におとして見ると，極点からは経度という角度と緯度という距離の極座標であるが，赤道あたりでは，この緯度と経度は直交座標を成している [Fig.01]．

世界の認知の仕方には，空間的なもののほかに時間的なものがある．京都の町のような碁盤の目の町割りで，通りの名によって位置を現すのは直交座標による空間的な認知を利用した方法である [Fig.02]．一方，美術館などの順路によって構成された世界は時間的な認知によっている．ル・コルビュジエの無限発展美術館などは，そのような認知を建築空間に応用したものといえるが，その形は螺旋となって現れることもある [Fig.03]．対数螺旋は自然界ではありふれた形だ．

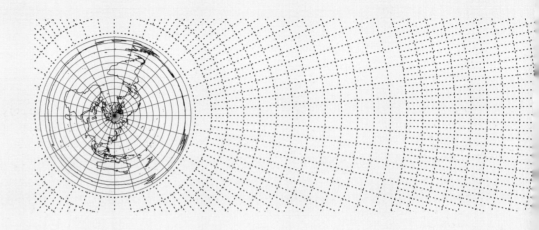

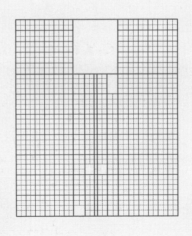

Fig.02 京都の町割り

Fig.03 無限発展美術館

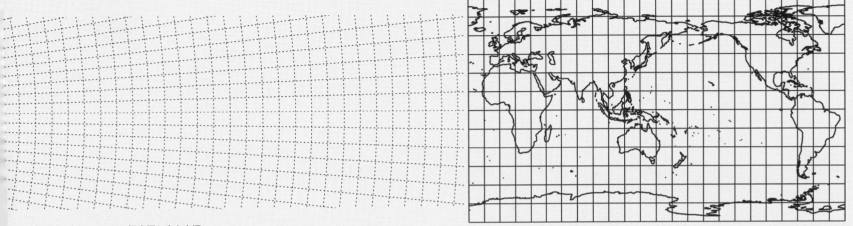

Fig.01 極座標と直交座標

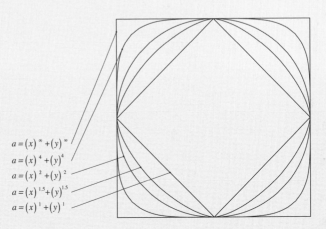

$a = (x)^{\infty} + (y)^{\infty}$
$a = (x)^{4} + (y)^{4}$
$a = (x)^{2} + (y)^{2}$
$a = (x)^{1.5} + (y)^{1.5}$
$a = (x)^{1} + (y)^{1}$

Fig.04
数式においては，一つの式の乗数を変化させることで，四角から円，そして再び四角に連続的に変形させることができる．

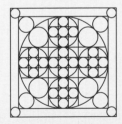

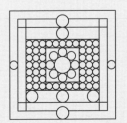

Fig.05
実際の世界だけでなく，想像の世界（観）を示す曼荼羅もまた，四角と円の組み合わせによって表される．代表的なものには，四角を9分割した中に円が配置される構造が入れ子になった金剛界曼荼羅（上）と，四角の中に円が円環状と碁盤状に配される胎蔵界曼荼羅（下）がある．中心から周縁までのすべての世界をとらえ位置づける要素と構成に，円と四角が強く係わりイメージされる．

033

正方形 | Square

scale 1:1000

S-017
土浦邸
Tsuchiura House

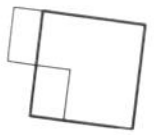

S-018
駒沢オリンピック公園管制塔
Komazawa Olympic Gymnasium and Control Tower

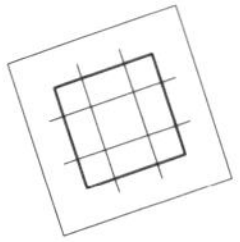

S-019
villa kanousan

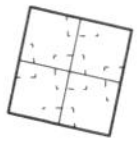

S-020
軽井沢の山荘
Mountain Lodge at Karuizawa

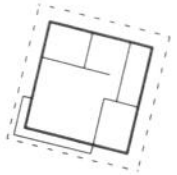

S-021
土間の家
House with an Earthen Floor

S-022
スキー・ハウス
Brant-Johnson Ski House

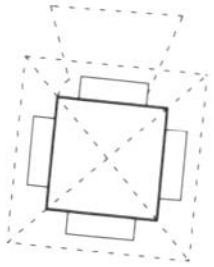

S-023
テッセナウ邸
Haus Tessenow

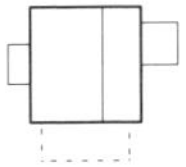

S-024
反住器
Anti-Dwelling Box

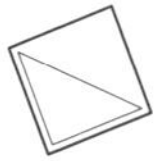

S-025
浦邸
Ura House

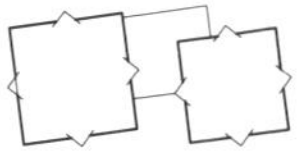

S-026
阿部勤邸
Abe House

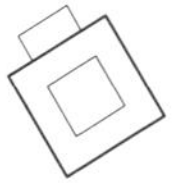

S-027
情緒障害児短期治療施設
Children's Center for Psychiatric Rehabilitation

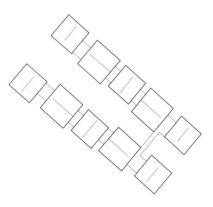
S-028
洗足の連結住棟
G-Flat

S-029
F 8x8 BCC House

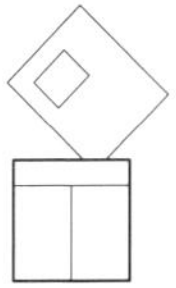

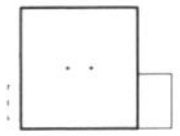

S-030
フィッシャー邸
Fisher House

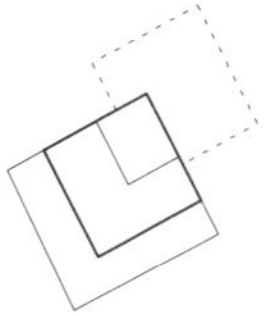

S-031
グラブスの住宅
Haus Gantenbein

S-032
等々力邸
Todoroki Residence

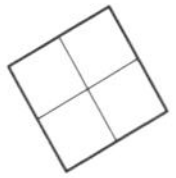

正方形 | Square

scale 1:1000

0 ————————— 50(m)

S-033

S-036

S-038

S-044

S-048

S-049

S-050

S-051

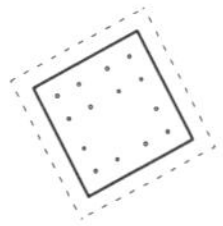

S-033
円覚寺舎利殿
Engaku-ji Temple

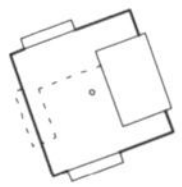

S-036
ポリ・ハウス
Poli House

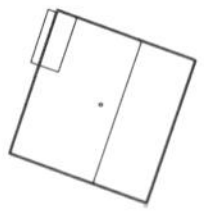

S-039
白の家
House in White

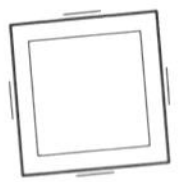

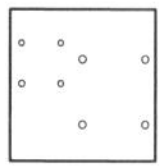

S-041
ムーア自邸
Moore House

S-034
散田の家
House in Sanda

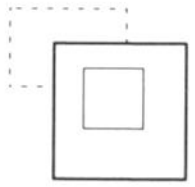

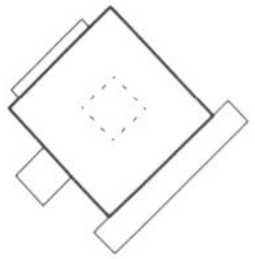

S-037
宮城教授の家
Miyagi House

S-040
スカイハウス
Sky House

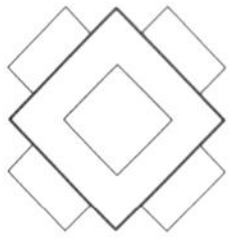

S-042
ノルチェピングのヴィラ
Villa Norrköping

S-035
桜台の住宅
House in Sakuradai

S-038
リヴァ・サン・ヴィターレの住宅
House at Riva San Vitale

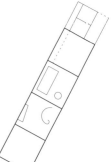

S-043
Weekend House, Merchtem

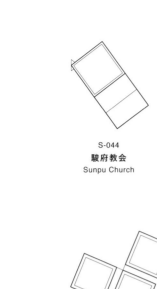

S-044
駿府教会
Sunpu Church

S-045
中山邸
Nakayama House

S-046
起爆空間
Initiation Space

S-047
未完の家
The Uncompleted House

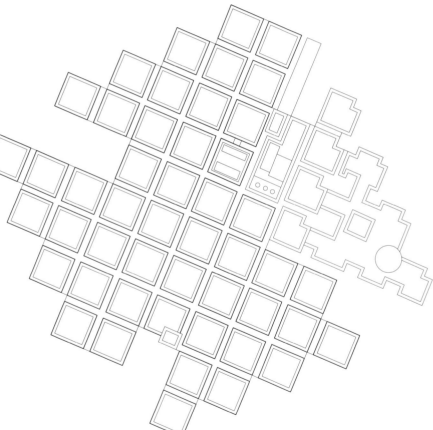

S-048
セントラル・ベヒーア保険会社
Centraal Beheer Insurance Offices

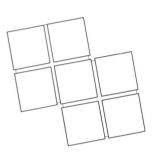

S-049
アプタイベルク美術館
Abteiberg Museum Mönchengladbach

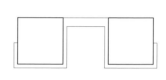

S-050
延暦寺にない堂
Enryaku-ji Temple

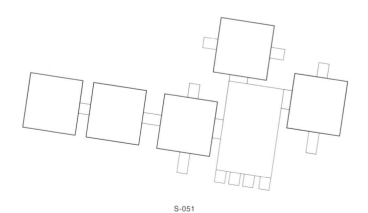

S-051
リチャーズ医学研究所
Richards Medical Research Building

037

正方形 | Square

scale 1:1000

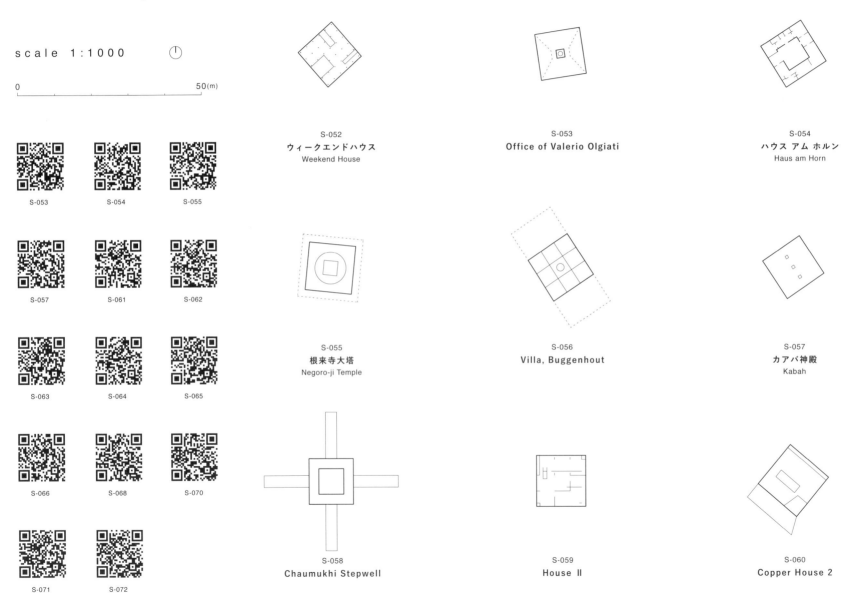

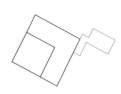

S-061
コエ・タロ（夏の家）
Muuratsalon koetalo

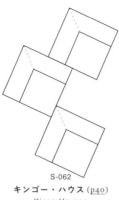

S-062
キンゴー・ハウス (p40)
Kingo Houses

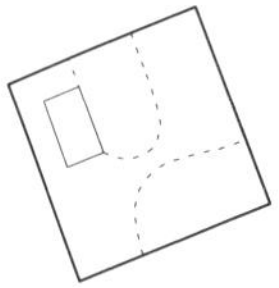

S-063
Shibaura House

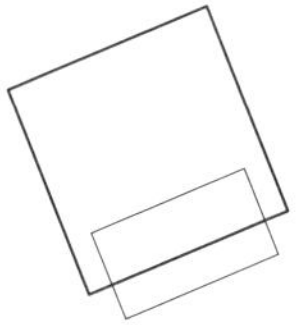

S-064
フォーラムビルディング
Forum Building

S-065
ヴェネチア・ビエンナーレ日本館
Venice Biennale Japan Pavilion

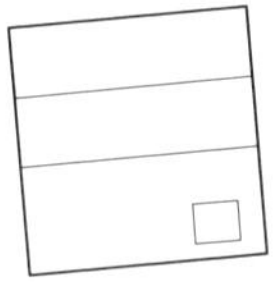

S-066
江山閣
Kozankaku Student Residence

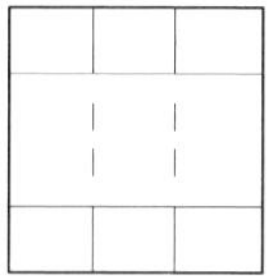

S-067
ガスパール邸
Casa Gaspar

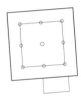

S-068
出雲大社本殿
Izumo Taisha

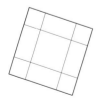

S-069
ソロ・ハウス
Solo House

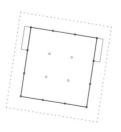

S-070
浄土寺浄土堂 (p41)
Jodo-ji Temple

S-071
サヴォア邸
Villa Savoye

S-072
Structure and Gardens

キンゴー・ハウス (1960)
Kingo Houses, Helsingør, Jørn Utzon

S-070
浄土寺浄土堂 (1192)
Jodo-ji Temple, Hyogo, Tyougen

正方形 ｜ Square

scale 1:5000

0 ————————— 250(m)

S-101 | S-102 | S-103 | S-105
S-106 | S-107 | S-108 | S-109
S-110 | S-111 | S-112 | S-113
S-114 | S-115 | S-116 | S-117
S-118 | S-119 | S-120 | S-121
S-123 | S-124 | S-125 | S-126
S-127 | S-128 | S-129 | S-130

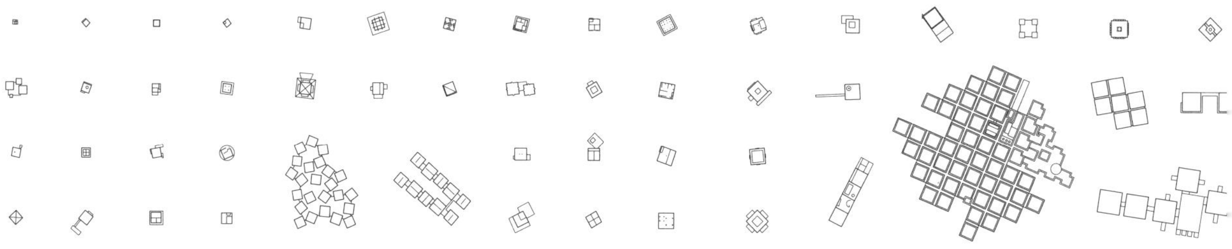

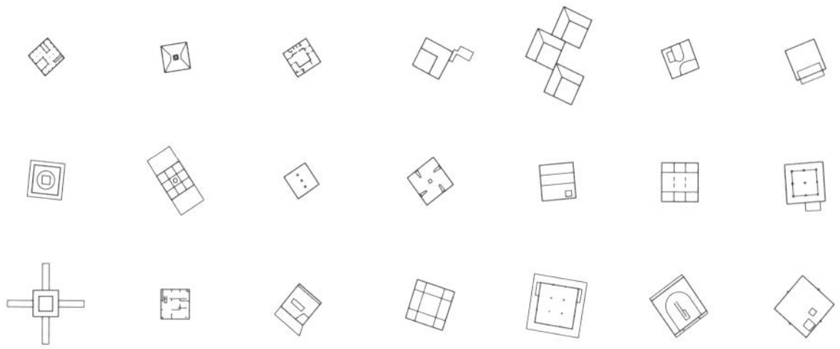

S-101
モデナ墓地
San Cataldo Cemetery

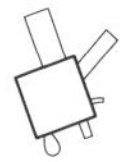

S-102
熊野古道なかへち美術館
Kumanokodo Nakahechi Museum

S-103
ヤオコー川越美術館
Yaoko Kawagoe Museum

S-104
T-HOUSE

S-105
ヴィラ・ロトンダ
Villa La Rotonda

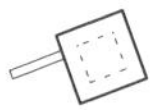

S-106
八王子セミナーハウス
Inter-University Seminar House

S-107
バカルディの瓶詰工場
Bacardi Rum Factory

S-108
繊維業会館
Millowner's Association Building

S-109
ブレゲンツ美術館
Kunsthaus Bregenz

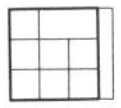

S-110
サイ・トゥオンブリー・ギャラリー
Cy Twombly Gallery

S-111
香川県庁舎
Kagawa Prefectural Government Hall

S-112
幕張パークタワー
Makuhari Park Tower

S-113
エクセター大学図書館
Phillips Exeter Academy Library

S-114
七ヶ浜町立遠山保育所
Shichigahama Tohyama Ivursert

S-115
ブリンモア大学女子寮
Brinmore University Women's Dormitory

S-116
古川市民会館
Furukawa City Hall

S-117
カサ・デル・ファッショ
Casa del Fascio

S-118
ピラミッド・ド・ルーブル (p46)
Pyramide du Louvre

S-119
ツォルフェライン・スクール
ZollVerain School

S-120
Chambre of Commerce, Kortrijk

S-121
チャンド・バオリ
Chand Baori

S-122
ゲーツ本社ビル
Götz Headquarters

S-123
国立西洋美術館
The National Museum of Western Art

S-124
ラ・マッダレーナの旧兵器庫
Ex Arsenal at La Maddalena

S-125
国立通信制大学図書館
University Library, U.S.E.D

S-126
遺経楼（方形土楼）
Fujian Tulou

S-127
金沢海みらい図書館
Kanazawa Umimirai Library

S-128
イタリア文明宮
Palazzo della Civiltà Italiana

S-129
せんだいメディアテーク
Sendai Mediatheque

S-130
富弘美術館
Tomihiro Museum

正方形 | Square

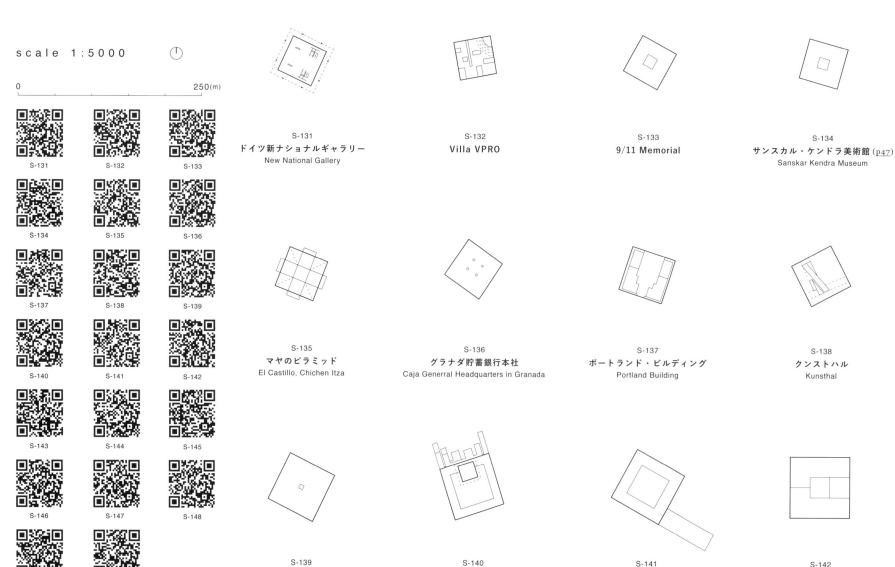

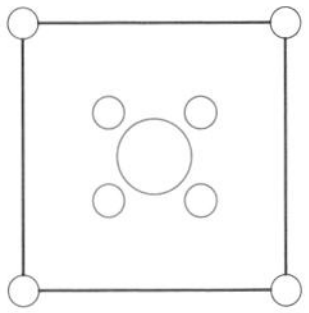

S-143
タージ・マハル
Taj Mahal

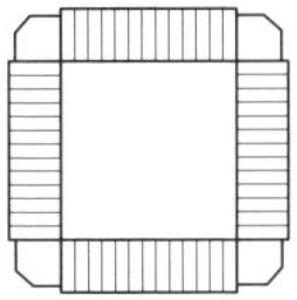

S-144
バングラデシュ・ナショナル・ミュージアム
Bangladesh National Museum

S-145
ボン美術館
Bundeskunsthalle

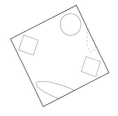

S-146
上海保利大劇場
Shanghai Poly Grand Theatre

S-147
ジャーマー・マスジッド
Jama Masjid

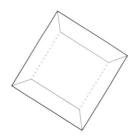

S-148
新凱旋門
la Grande Arche

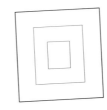

S-149
東メボン
East Mebon

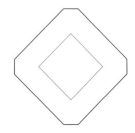

S-150
バルセロナの街区
Barcelona Eixample

045

S-118
ピラミッド・ド・ルーブル (1989)
Pyramide du Louvre, Paris, Ieoh Ming Pei

サンスカル・ケンドラ美術館 (1957)
Sanskar Kendra Museum, Ahmadabad, Le Corbusier

正方形 | Square

scale 1:25000

0 ——— 1 (km)

 S-201   S-202
 S-203   S-204
 S-205   S-206
 S-207   S-208
 S-209 S-210
S-211

S-201
メッセ・ウィーン
Messezentrum Vienna

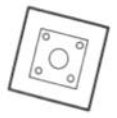

S-202
ヴォージュ広場
Place des Vosges

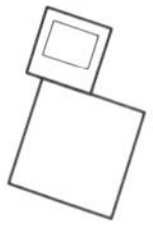

S-203
Great Mosque of Kufa

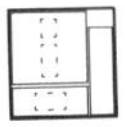

S-204
北京国家水泳センター
Beijing National Aquatics Center

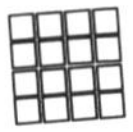

S-205
潮見台浄水場
Shiomidai Water Purification Plant

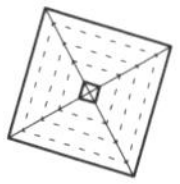

S-206
太陽のピラミッド (p50)
Pyramid of the Sun

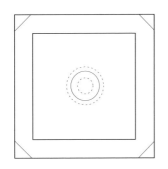
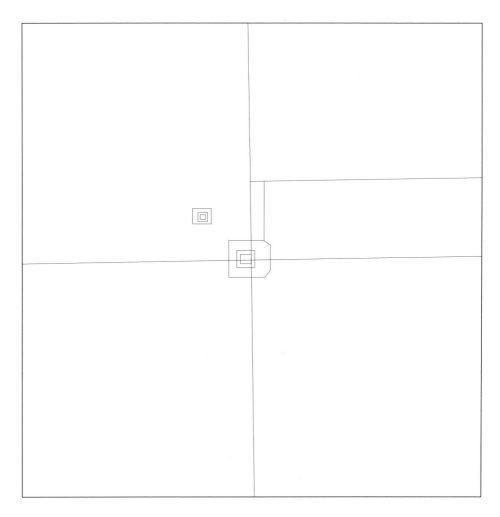

S-207
ギザの３大ピラミッド
Giza Pyramid Complex

S-208
クアラルンプール国際空港
Kuala Lumpur International Airport

S-209
bu Dulaf Mosque in Samarra

S-210
ワット・プラ・タンマガーイ
Wat Phra Dhammakaya

S-211
アンコール・トム (p51)
Angkor Thom

S-206
太陽のピラミッド (2nd century BC)
Pyramid of the Sun, Mexico City

S-211
アンコール・トム (Late 12th century)
Angkor Thom, Siem Reap, Jayavarman VII

コラム②
領域としての正多角形

平面にばらまかれたそれぞれの点から一定の距離の範囲を囲うと，点間の距離に十分な余裕があれば，範囲は円を描く．範囲を広げていくと，範囲相互が重なり，徐々に泡のようなボロノイ図が現れる [Fig.01]．点の配置を規則的にすると，不定形なボロノイ図は整形な幾何学形のグリッドとなって姿を現す．直交方向に等距離に点を配置すると，範囲は正方形になり，直交グリッドが現れる [Fig.02]．点を正六角形の頂点に配置すると範囲は正三角形になり，60°グリッドが現れる [Fig.03]．点を正三角形に配置すると範囲は正六角形になる [Fig.04]．正六角形に配置して正三角形になる場合と双対となっている．

点の配置の調整によって正五角形が現れることはないが，菱形と組み合わせることで平面を埋め尽くすことができる [Fig.05]．

正多角形は，その頂点数と同じ数の線対称軸を持っている．また360°を頂点数で割った回転角に対して回転対称性を示す．

正方形の辺と対角線の比は $\sqrt{2}$，正五角形の辺と対角線の比は $(\sqrt{5}+1)/2$，正六角形の辺と対角線の比は $\sqrt{3}$ と2になる．正五角形のこの比は黄金比であり，フィボナッチ数の比の収束値でもある．

フィボナッチ数列の数を順に半径とした1/4円を連続してできる黄金螺旋は，オウムガイなどの殻の螺旋と近似する．また，マツカサなどの外周に典型的にみられるような植物に現れる螺旋は，時計回りと反時計回りでフィボナッチ数列の隣り合う数になっている．

対称軸　　　対角線

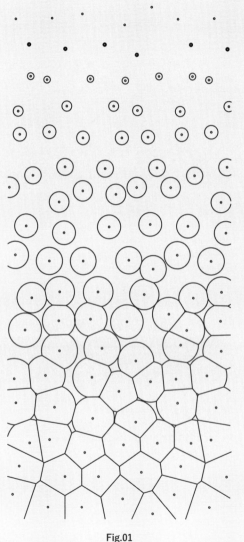

Fig.01

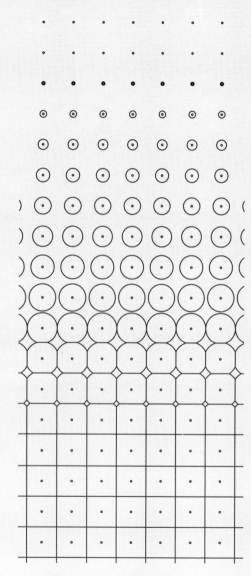

Fig.02

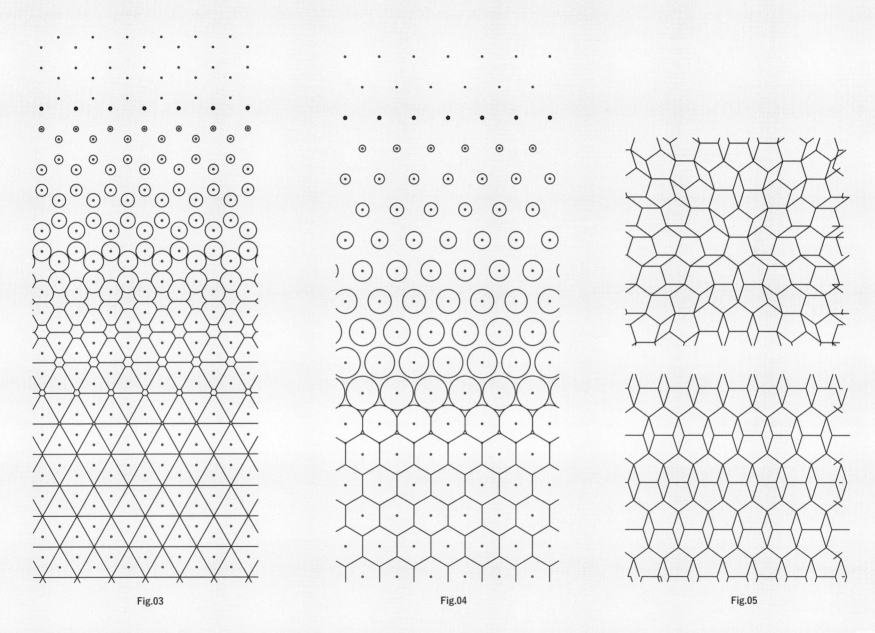

Fig.03　　　　　　　　Fig.04　　　　　　　　Fig.05

多角形 | Polygon

scale 1:1000

0 ——————————— 50(m)

P-001
住宅 No.76
Residence No.76

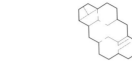
P-002
六角堂
Rokkakudo

P-003
伊東豊雄建築ミュージアム
Toyo Ito Museum of Architecture, Imabari

P-004
桜山の家
House in Sakurayama

P-002　　P-003　　P-006

P-007　　P-008　　P-009

P-005
浅草の家
House in Asakusa

P-006
さざえ堂 (p56)
Sazaedo

P-011　　P-012　　P-013

P-015　　P-018　　P-019

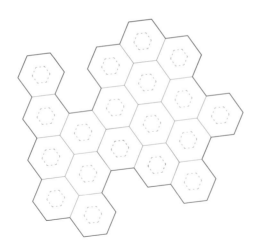
P-007
ウィグラツバードの巡礼道
Pilgrimage Chaurch in Wigratzbad

P-008
コルセローラの塔
Torre de Collserola

P-009
不忍之池弁天堂
Shinobazunoike Bentendo

  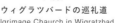

P-020　　P-021

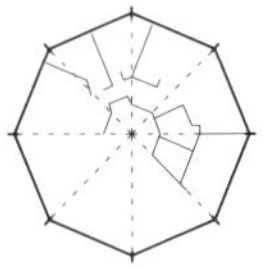

P-010
マリン邸
Malin Residence

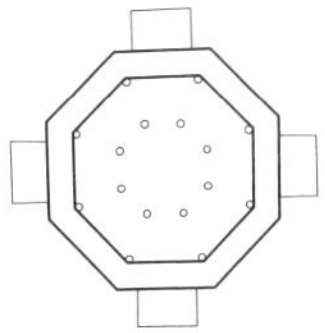

P-011
法隆寺夢殿
Horyuji Temple Yumedono

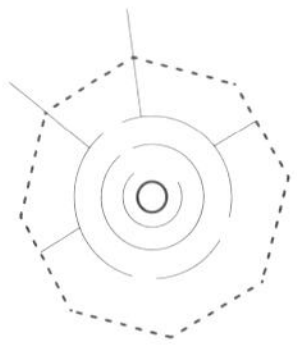

P-012
六甲枝垂れ
Rokko-Shidare Observatory

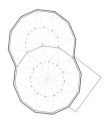

P-013
名取市文化会館多目的ホール
Natori Performing Arts Center Multi-purpose Hall

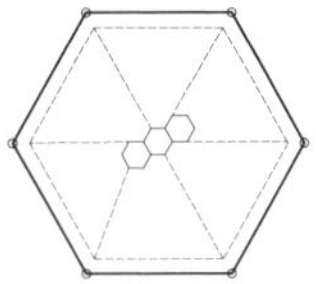

P-014
ダイマオキシン・ハウス
Dymaxion House

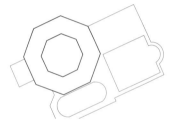

P-015
ラテラノの洗礼堂
Battistero Lateranense

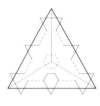

P-016
Emil Gutman House

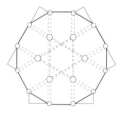

P-017
Jaegersborg Water Tower

P-018
ねむの木こども美術館
Nemunoki Art Museum

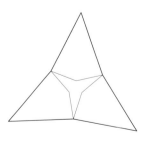

P-019
サン・ビセンテ・デ・パウルの礼拝堂
San Vincente de Paul Chapel

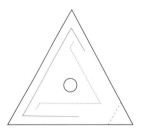

P-020
水戸芸術館タワー
Art Tower Mito

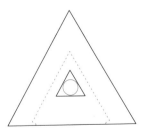

P-021
25 May Sportcenter (p57)

P-006
さざえ堂 (1796)

Sazaedo, Fukushima, Priest Ikudo

P-021
25 May Sportcenter (1974)
Beograd, Ivan Antić

多角形 | Polygon

scale 1:5000

0　　　　　　　　　250(m)

P-101　P-102　P-103
P-104　P-105　P-106
P-107　P-108　P-109
P-110　P-111　P-112
P-113　P-114　P-115
P-116　P-117　P-118
P-119

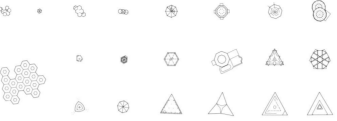

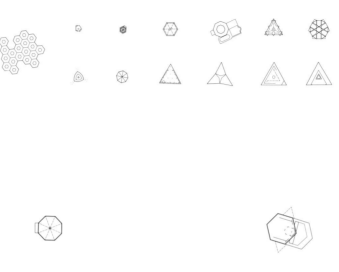

P-101
葛西臨海水族館
Kasai Rinkai Park

P-102
サン・ジョヴァンニ洗礼堂
Battistero di San Giovanni

P-103
Chichester Festival Theatre

P-104
サン・ヴィターレ教会
Basilica di San Vitale

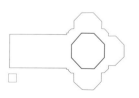

P-105
Restaurante MANANTIALES

P-106
カステル・デル・モンテ
Castel del Monte

P-107
サンタ・マリア・デル・フィオーレ大聖堂
Cattedrale di Santa Maria del Fiore

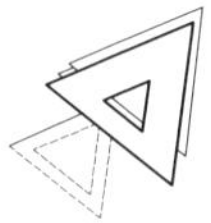

P-108
亞洲大學現代美術館
Asia University Museum of Modern Art

P-109
RAC 社地域センター
RAC Regional Supercentre

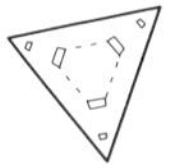

P-110
ブラジリアのテレビ塔
Torre de TV de Brasília

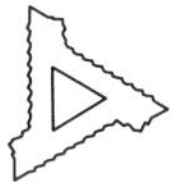

P-111
東京全日空ホテル
ANA Hotel Tokyo

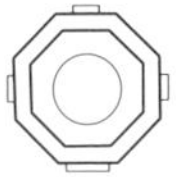

P-112
岩のドーム
Dome of the Rock

P-113
ベルリンフィルハーモニー 室内楽ホール
Kammermusiksaal

P-114
汐留メディアタワー
Shiodome Media Tower

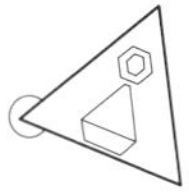

P-115
日比谷図書文化館
Hibiya Book and Culture Building

P-116
ヌエストラ・セニョーラ・デ・グアダルーペ教会
Parroquia Nuestra Señora de Guadalupe

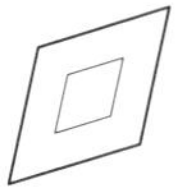

P-117
ワン・ダラス・センター
One Dallas Centre

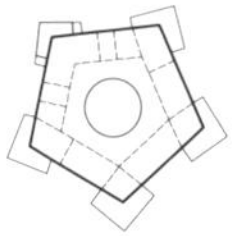

P-118
ファルネーゼ宮
Palazzo Farnese

P-119
ベラルーシ国立図書館
National Library Of Belarus

多角形 | Polygon

scale 1:5000

0　　　　　　　　250(m)

P-120

P-121

P-122

P-123

P-124

P-125

P-126

P-127

P-130

P-131

P-120
コメルツバンク本社ビル
Commerzbank Headquarters

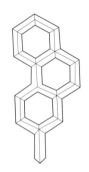

P-121
HC Coombs Building

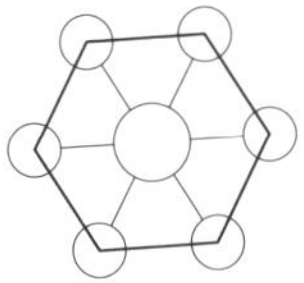

P-122
アトミウム
Atomium

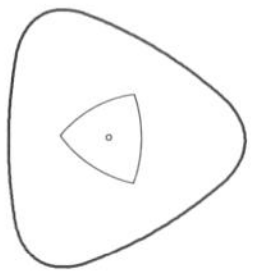

P-123
メルセデス・ベンツ博物館
Mercedes-Benz Museum

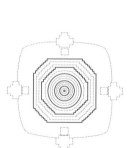

P-124
シュエダゴン・パゴダ
Shwedagon Pagoda

P-125
ポンピドゥー・センター・メス (p62)
Centre Pompidou Metz

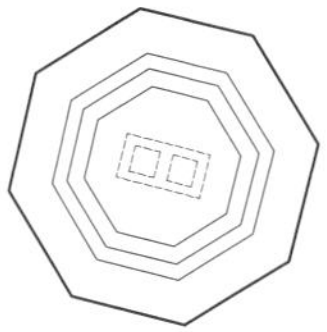

P-126
日本武道館
Nippon Budokan

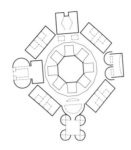

P-127
バングラディッシュ国会議事堂
Sher-e-Bangla Nagar, Capital of Bangladesh

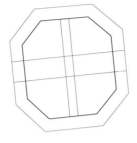

P-128
ポツダム広場
Potsdamer Platz

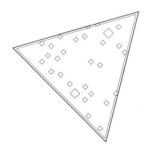

P-129
フォーラム・ビル (p63)
Edifício Fórum

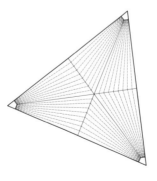

P-130
CNIT la Defense

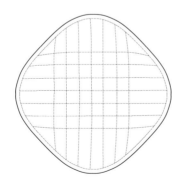

P-131
東京ドーム
Tokyo Dome

061

P-125
ポンピドゥー・センター・メス (2010)
Centre Pompidou Metz, Shigeru Ban

062

フォーラム・ビル (2004)
Edificio Fórum, Barcelona, Herzog & de Meuron

多角形 | Polygon

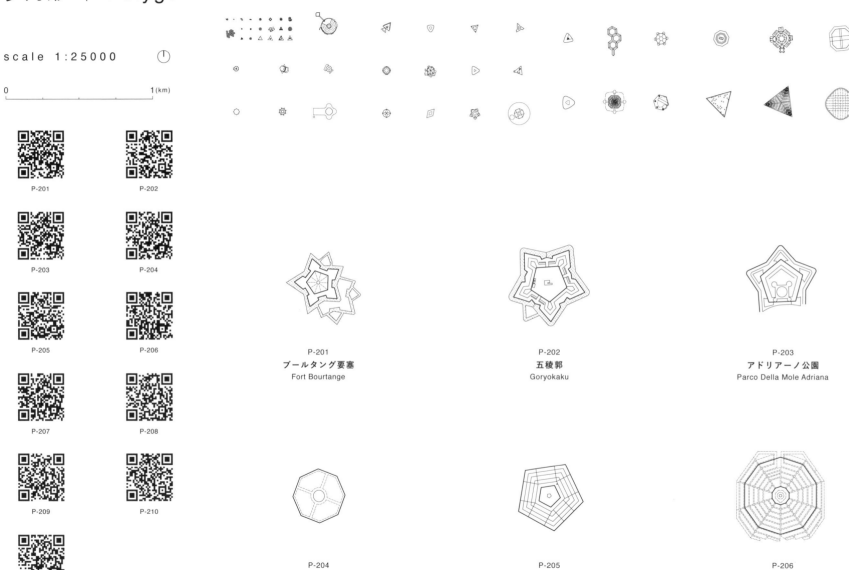

scale 1:25000
0 — 1 (km)

P-201 ブールタング要塞 Fort Bourtange
P-202 五稜郭 Goryokaku
P-203 アドリアーノ公園 Parco Della Mole Adriana
P-204 The Octagon
P-205 ペンタゴン (p66) The Pentagon
P-206 Venture Out Resort

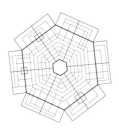

P-207
グランミケーレ
Grammichele

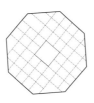

P-208
ヌフ=ブリザック
Neuf-Brisach

P-209
City Hill

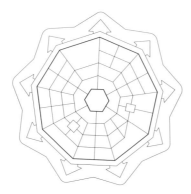

P-210
パルマノーヴァ (p67)
Palmanova

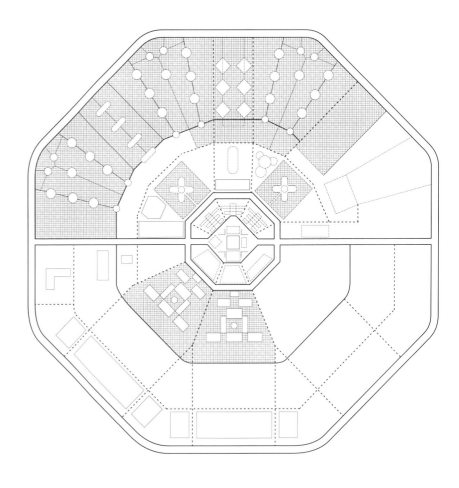

P-211
キング・ハリド軍事都市
King Khalid Military City

065

P-205
ペンタゴン (1943)
The Pentagon, Washington.D.C, Brehon B. Somervell

P-210
パルマノーヴァ (1593)
Palmanova, Udine, Vincenzo Scamozzi

コラム③
正多角形と楕円

正多角形は，自然界の中でも様々なところに現れる．立体，特に正多面体や準正多面体を構成するものも多い．

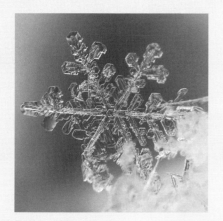

雪の結晶は六角形をしている．

黄鉄鉱は主に六面体・八面体・十二面体の結晶形を示す．

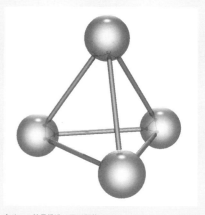

白リンの結晶構造は正四面体．

炭素原子は正五角形と正六角形によるサッカーボールのような32面体を形成するものがある．

ホルミウムマグネシウム亜鉛合金の準結晶により生成された正十二面体．

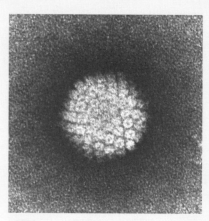

ある種のウィルスの遺伝子は，タンパク質の正20面体の容器に格納されている．

楕円の性質

　天体の周回軌道に代表されるように，自然界の中では正円より楕円の方が，螺旋と同様にありふれた形だ [Fig.01]．

　真円の一方向の幅を一定の割合で伸縮した図は楕円となる．これは直交座標系における楕円の標準形の式と同じ意味をもつ [Fig.02]．

$$x^2/a^2 + y^2/b^2 = 1$$

　長径を直径とする円と短径を直径とする円を中心を重ねて描き，動径と双方の円との交点からそれぞれ水平と垂直に引いた線の交点を連ねた図は楕円となる．これは直交座標系における三角関数を使った媒介変数式と同じ意味をもつ [Fig.03]．

$$x = a \cdot \cos(\theta), y = b \cdot \sin(\theta)$$

　短軸の半分の等分点に長軸の端から放射状に線を引く．短軸の端から長軸に平行に長軸の半分の長さで引いた線の同数の等分点に長軸の反対の端から放射状に線を引く．双方の放射線から順にとった線の交点は楕円上の点となる [Fig.04]．

　2点（焦点）からの距離の和が等しい点の集まりは楕円を描く [Fig.05]．

　楕円上の任意の点を通る接線と，接点から二つの焦点を結ぶ線のなす角はどちらも同じ角度となる．よって，どちらかの焦点から発した光や音などは，楕円周に反射するともう一方の焦点に向かう [Fig.05]．

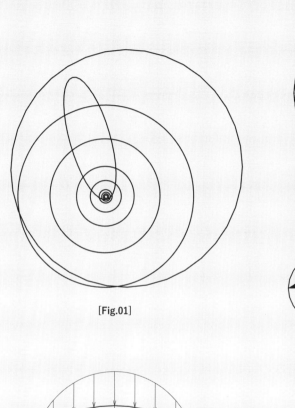

[Fig.01]

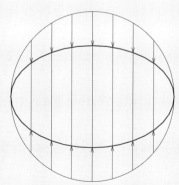

[Fig.02]

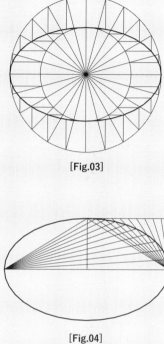

[Fig.03]

[Fig.04]

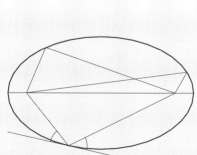

[Fig.05]

楕円形 | Ellipse

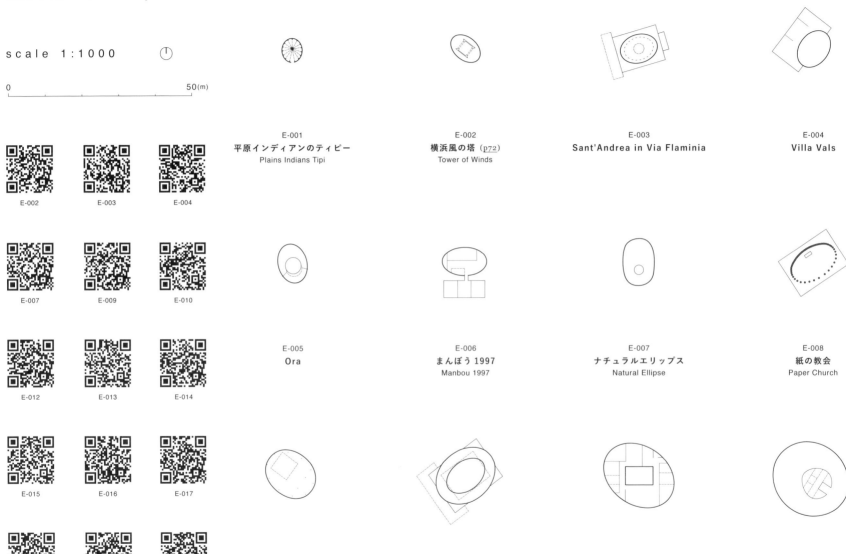

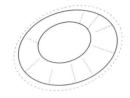
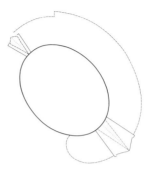
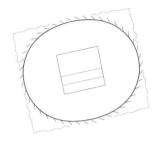

E-013
ノアビル (p73)
NOA Building

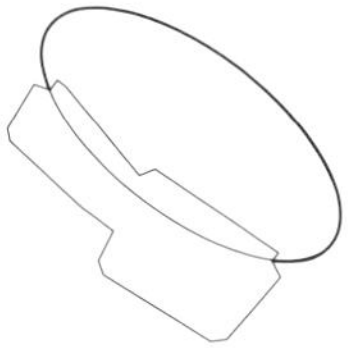

E-014
聖鳩幼稚園
Mihato Kindergarten

E-015
今井篤記念体育館
Plywood Structure-04

E-016
TID Tower

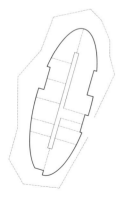

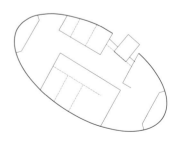

E-017
Villa V2

E-018
Sant'Andrea al Quirinale

E-019
Bijlmer Park Theater

E-020
ニーウ・スローテンの高層住宅
Woningbouw Nieuw-Sloten

071

E-002
横浜風の塔 (1986)
Tower of Winds, Kanagawa, Toyo Ito

E-013
ノアビル (1974)
NOA Building, Tokyo, Seiichi Shirai

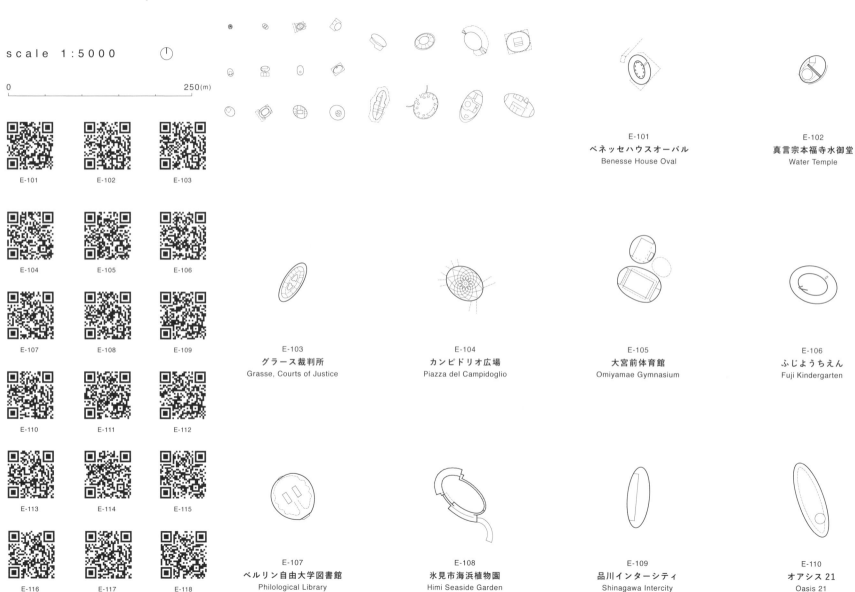

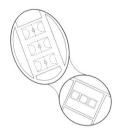

E-111	E-112	E-113	E-114
新港サークルウォーク	藤沢市秋葉台文化体育館	函館アリーナ	Sony Center
Shinko Circle Walk	Fujisawa Municipal Gymnasium	Hakodate Arena	

E-115	E-116	E-117	E-118
富士ゼロックス R&D スクエア	静岡県草薙総合運動場体育館	養老天命反転地	銭形砂絵 (p78)
Fuji Xerox R&D Square	Gymnasium in Shizuoka Prefecture Kusanagi Sports Complex	Yoro Tenmei Hantenchi	Zenigata Sunae

楕円形 ｜ Ellipse

scale 1:5000

0 ——————————— 250(m)

E-119

E-120

E-121

E-122

E-123

E-124

E-125

E-126

E-127

E-128

E-129

E-130

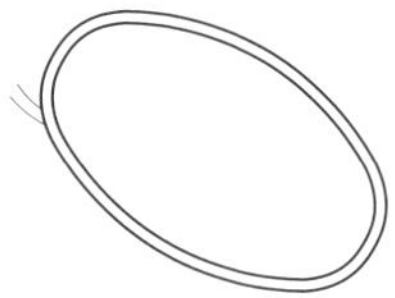

E-119
ノートル・ダム・ド・ロレート国際メモリアル
Mémorial International de Notre-Dame de Lorette

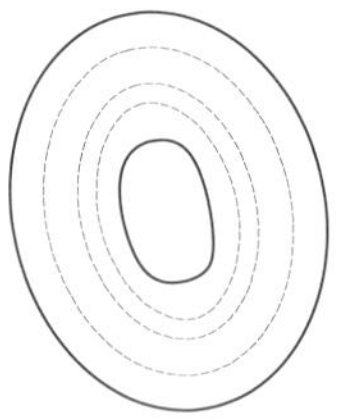

E-120
アルルの円形闘技場
Arles Amphitheatre

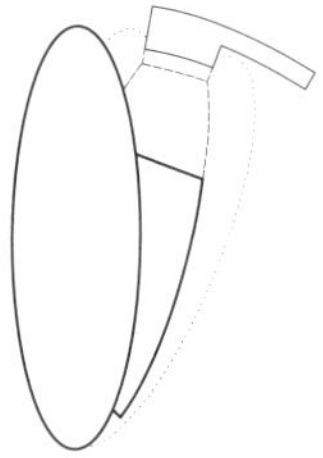

E-121
なら100年記念館
Nara Convention Hall

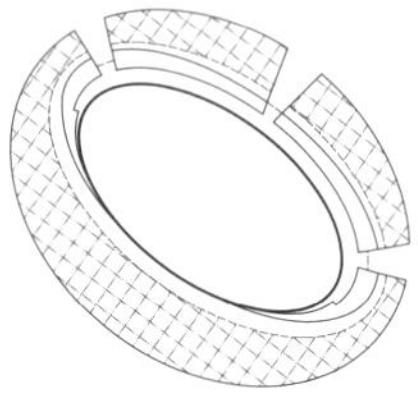

E-122
ウェールズ国立植物園
National Botanic Garden of Wales

E-123
ヴェロパーク
Lee Valley Velopark

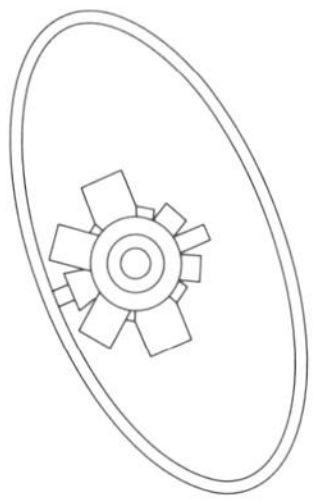

E-124
水戸市立西武図書館
Mito City West Library

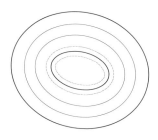

E-125
コロッセオ (p79)
Colosseo

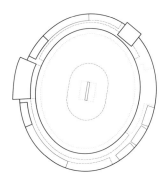

E-126
Manuka Oval

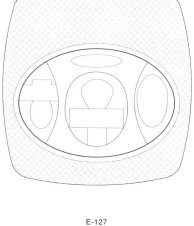

E-127
中国国家大劇院
National Center for the Performing Arts, Beijing

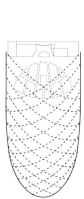

E-128
Jay Pritzker Pavilion

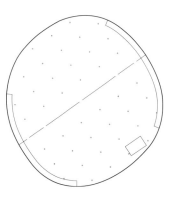

E-129
ヴィトラ社工場
Factory Building on the Vitra Campus

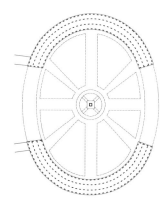

E-130
サン・ピエトロ広場
Piazza San Pietro

E-118
銭形砂絵
Zenigata Sunae, Kagawa

Colosseo, Roma, Titus Flavius Vespasianus

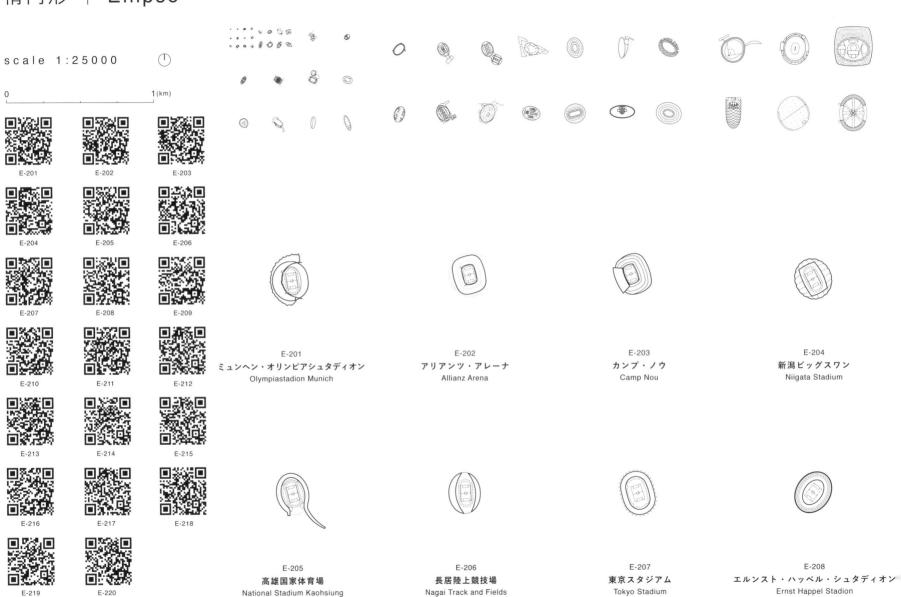

楕円形 | Ellipse

scale 1:25000

E-201 ミュンヘン・オリンピアシュタディオン Olympiastadion Munich
E-202 アリアンツ・アレーナ Allianz Arena
E-203 カンプ・ノウ Camp Nou
E-204 新潟ビッグスワン Niigata Stadium
E-205 高雄国家体育場 National Stadium Kaohsiung
E-206 長居陸上競技場 Nagai Track and Fields
E-207 東京スタジアム Tokyo Stadium
E-208 エルンスト・ハッペル・シュタディオン Ernst Happel Stadion

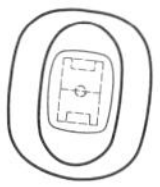

E-209
エスタディオ・アステカ
Estadio Azteca

E-210
コングレスポ (p82)
Congrexpo

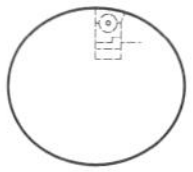

E-211
The Ellipse

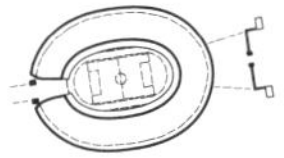

E-212
ベルリン・オリンピアシュタディオン
Olympiastadion Berlin

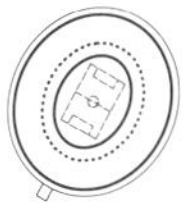

E-213
マラカナン競技場
Maracanã Stadium

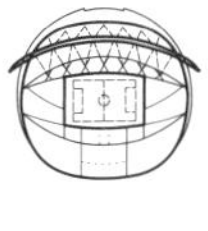

E-214
ウェンブリー・スタジアム
Wembley Stadium

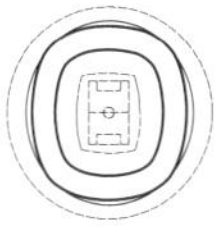

E-215
サッカー・シティー・スタジアム
Soccer City Stadium

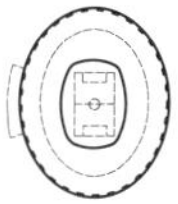

E-216
ロンドン・スタジアム
London Stadium

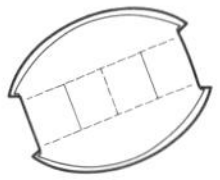

E-217
AT&T スタジアム
AT&T Stadium

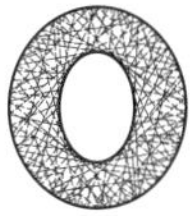

E-218
北京国家体育場 (p83)
Beijing National Stadium

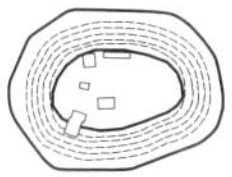

E-219
アレッポ城
Aleppo Citadel

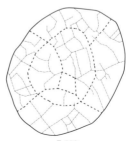

E-220
ネルトリゲン
Nördlingen

E-210
コングレスポ (1994)
Congrexpo, Lille, OMA

Beijing National Stadium, Herzog & de Meuron

建築におけるスケールの概念について

はじめに

　ここでは，建築に関する様々な諸言説において〈スケール〉という言葉がこれまでどのように使用されてきたかを検証し，その意味する内容を分析することで，建築におけるスケールの定義を明確化する．

　一般に〈スケール〉はものを計る道具やものの寸法，あるいは縮尺といった意味で扱われている[1]が，ヒューマン・スケール，スケール感，スケールが正しい，などといった，より広い意味を含めて使われる場合もある．すなわちスケールは，建築物を企画・設計する際に必要とする実践的な言葉であるばかりでなく，建築そのものの社会的価値や美的評価の基準として，あるいは設計者の意図や観念を表現する手段として，これまで建築論や建築計画学等に関する様々な文献の中に頻繁に現れてきた．しかしながら，その一方でこの言葉をより明確に定義づける論考や研究はこれまでほとんどされておらず，単に建築の形態や空間の質的評価を曖昧に形容するものなどとして扱われるのみであったといえる．

　そこで，これまで建築家，都市計画家，建築史家，建築評論家等によって著述された内外の文献において，スケールあるいはそれに類似する言葉（寸法・尺度・大きさ・規模・距離等）について言及している諸言説を対象に，各言説においてスケールがどのような水準・意味として扱われているかを個別に分析する．

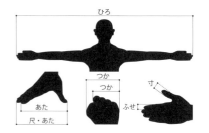

図1
寸法の単位は，古今東西を問わず身体各部の寸法が基となっている．指から始まり，手足，身長や指極（両腕を水平に伸ばしたときの長さ）などが使われてきた．以下に現代の成人男性の場合のおおよその寸法を示す．

ふせ ≒ 15mm 　　寸 ≒ 20mm
つか ≒ 75mm 　　つか ≒ 100mm
あた ≒ 150mm 　　尺 ≒ 175mm
ひろ ≒ 1750mm

測定の道具としてのスケール

　スケールという言葉が長さや距離などの尺度を指す場合，それは距離や大きさを測定するための寸法の規則などを意味している．寸法の単位には，身体の各部をその起源とするものが多く，例えば，日本においては指幅の「ふせ」，指四本の幅の「つか」，両手を広げた幅の「ひろ」などを単位として測った[2]．このような単位は身体尺とよばれ，それぞれの民族に応じてフィート・ヤード，尺・寸などを生み，さらに地域共通の尺貫法，ヤードポンド法といった個々の単位を体系化した単位系に発展していった[3],[4]．このような中でより不変的な物差しを目指し，子午線の弧長の1000万分の1を1mとするメートル法による単位系に統一しようとする動きが進められ，現在に至っている[5],[6]．

　また，尺度には長さなどの単位の他に，感覚の強さを表す単位を指す場合もある．物理学などにおける尺度は，グラムやメートルなどにより標準化されているが，社会学や心理学では心理的現象を定量的に把握し，ものと結びつける必要があるため，ある特定の事象に数値を付与するための規則，あるいは物差しにあたるものを尺度とよんでいる．この場合の尺度はいくつかの水準に分類され，他のものが異なることを認識し，数値を単なる分類の記号として扱う名義尺度，あるものと他のものを比較し大小などを知り数値が順序だけを示す順序尺度，間隔の大きさについて規則をさだめ間隔の大きさに数値が対応する間隔尺度，物理量を基準とし一定の大きさの量を基準として測定した量がその何倍であるかの比を数値として扱う比例（比率）尺度などがある[7],[8]．

　こうした規則により，ものの物理量や人間の感覚を測定の対象とすることができ，決められた単位の数値として示すことが可能となっている．

表1
「間」はもともとは柱と柱のアイダの数を表す空間単位の数であったといわれている．一定の距離ないし面積には「歩」が用いられ，大化改新（645年）では「一歩」は高麗尺で六尺と定められた．やがて和銅六年（713年）に六唐尺（天平尺）となり，以来唐尺は「曲尺」または単に「尺」として一般化し，6尺＝1歩として今日にまで至ることになる．さらに6尺＝1間となるのは徳川幕府からで，歴史的には京間系が伝統的・正統的であるのに対し，田舎間は略式的なものである．

空間の寸法としてのスケール
身体的・生理的側面からみた空間の寸法

　空間の寸法としてのスケールは，長さ・幅・高さ・厚さといったような与えられた方向における物体の物理量（ディメンション）をメートルや尺のような寸法の基準として定義された単位の数値として示される[9]．測定された空間の寸法自体は，単なる記号でしかないが，他の要素と比較し，何らかの評価を行うことで，はじめて意味をもつといえる．

　その中でも人間的要素は特に重要な位置を占めており，人間の動作，行動にともなう寸法を人間工学的に把握し，空間や家具，器具などについての適正な寸法の体系化の確立を目的とした様々な研究がされてきた．人間工学は医学，心理学，物理学，工学の各方面から研究し，人間の生理的心理的特性に適合した機械を設計することを目的とするもので[10]，建築においてもその分野は人体寸法や動作寸法の研究，生理機能の測定，行動特性など広範なものである[11),12),13)]．こうした人間的要素によって決定される建築空間の寸法については，小原二郎らが，人体寸法や動作寸法によって出入口などの寸法が決定される物理的な寸法，必要換気量などによって部屋や窓などの寸法が決定される生理的な寸法，圧迫感などによって天井高などが決定される心理的な寸法の3種類にわけられると述べている[14]．この分類の中で，人体寸法や動作寸法などの身体要素と生理的要素は，物理的事象として科学的な方法で定性的・定量的にとらえることができ，特に人体寸法は人間工学の主要な研究対象であったため，資料も豊富である．一方，心理的要素は，科学的にとらえることが難しく，物理的事象のように単純にはいかないため，心理学などで用いられるSD法などによる感覚的評価や脳波などの測定による客観的評価などにより，様々な定量化の研究が試みられている．

　人間工学的な研究は主に建築の安全計画や防災計画，建築各部の寸法計画などへ応用されているのに対し，心理的要素，特に視覚に関する研究は空間論などに多くみられ，人間の空間の見方，感じ方を研究することで，建築の形態の手がかりを見出そうとする方向に展開されている．

視覚的・心理的側面からみた空間の寸法

　人間を主体とした空間の寸法は，ヒューマン・スケールという言葉として，様々な文献でみられる．戸沼幸市はヒューマン・スケール（人間尺度）を人間を基準とした測定や評価，指示の体系と定義し，歩行や感覚による大きさの認識の仕方に着目して，その重要性を指摘している[15]．また，ハンス・ブルーメンフェルトはヒューマン・スケールをもつ建築の条件について論じ，社会的意味と視覚的形態から定義している．ブルーメンフェルトの定義によれば，社会的ヒューマン・スケールとは，お互いの顔，声，名前等で識別できる集団のことであるとしている．一方，視覚的形態においても，人を識別できると同様に建物も認識できるべきだと考え，そのためには対象物までの距離に限界があり，この距離を基に対象物の全体や部分などの寸法を規定することができるとしている．ブルーメンフェルトはこの距離による寸法の決定に関する科学的な定義づけとして，メルテンスの研究を紹介し，その中で，メルテンスが視覚心理学的に導き出した2種類の距離とその寸法を，「親密なヒューマン・スケール」と「標準のヒューマン・スケール」とよんでいる．さらに，人間がいることを

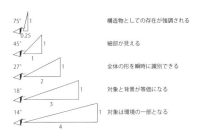

図2
視野や視角によるものの見え方について，19世紀のドイツの建築家H．メルテンスは，仰角27°で全体の形を瞬時に識別できるとした．これは物体と視点との距離（D）と物体の高さ（H）にするとD：H＝1：2となる．さらに，仰角18°（1：3）では対象が背景と同程度に重要になり，仰角14°（1：4）あるいはそれ以下の場合は，対象は環境の一部となるとしている．また，仰角45°（1：1）では，対象の細部を理解するのに都合のよい距離であると考えた．

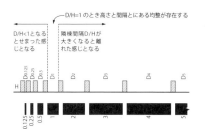

図3
芦原義信はメルテンスの理論などを参考に隣棟間隔（D）と建物の高さ（H）から外部空間における閉鎖性や開放性に着目し，D/H＝1を境にして外部空間の質における変節点があると考えた．また，D/H＝1〜3あたりが実用的な数値で，D/H＞4になると隣棟間の影響が薄れると指摘している．

認識できる距離は一般に4000フィート前後が限界であることから，この距離を「公共のヒューマン・スケール」としている．また，これまでつくりあげてきた構造物，特にモニュメンタルなものなど，記念碑的な象徴性を重んじたものには，これら通常のヒューマン・スケールを越えるものがあることから，これを「超人間的スケール（スーパーヒューマン・スケール）」とよび，ものや空間の寸法を実物と同等，あるいはそれ以上にみせるデザインとしている[16]．

こうした距離によるものの寸法の指標化への試みは，人の認識の側面から都市空間や外部空間について論じる，後の研究者や建築家の諸説に大きな影響を与えた．例えば，樋口忠彦は，ランドスケープにおける樹木を視覚の対象とし，その景観を視点から対象までの距離によって「近距離景」「中距離景」「遠距離景」の3段階に分け指標化している[17]．芦原義信は距離による建築の見え方の違いに着目し，都市空間の大きさの分類[18]や，建築の高さとその隣棟間隔，距離とテクスチャーに関する研究[19]を行っている．また高橋鷹志は，人間やそれ以外のものも対象とし，距離の変化による空間の識別尺度・心理行為への影響に関する研究[20), 21)]や，外部空間を量的に記述する方法として，物体と視点との距離（D）とその物体の高さ（H）との比（D/H）の考えを三次元的に拡大した「建蔽量」という計測尺度を提示している[22]．この他にも距離を指標化しようと試みる既往研究[23), 24), 25)]の多くがブルーメンフェルトの影響を受けており，建築，特に都市や空間に関する研究において，もっとも知られている考え方の一つといえる．これらの研究では，ものの寸法や距離がより身体に近いことが一種の評価基準となっている．

一方で，こうした人間における距離を扱った一連の研究の他に，論説では，ルドルフ・アルンハイムが寸法の知覚的な測定について述べている．アルンハイムは，建物の寸法は小さい部分からより大きい部分へ，さらに大きい部分へと寸法の段階的な比較を続けることによって，最終的に全体の寸法が，それまでどれだけの寸法をみたかということで知覚的に測定され，寸法はかなりの部分で内部的な関係であると述べている[26]．これはブルーメンフェルトが「超人間的スケール」とよぶものの設計手法の一端が，その形態や寸法の階層性にあることを指摘するもので，空間の寸法が様々な寸法の階層により構成されていることを示している．

物理的・技術的側面からみた空間の寸法

空間の寸法は，身体や生理・感覚などの人間的要素とは別に，物理学的な法則や，材料などの技術的な側面，すなわち構造形式によりある程度の限界が決まっている．フォレスト・ウィルソンはこうした構造形式の特性から空間の寸法について述べている．例えば，短いスパンの場合には様々な構造形式が選択可能であるが，ある限界以上のスパンになると，トラスやスチールアーチが効果的になり，さらにこれらの限界を超えたスパンにするためには吊り形式などが用いられる．ウィルソンはこうした構造形式におけるそれぞれの特性とそこから生まれる寸法の限界について指摘しており，この限界を超えて大きくすることが困難であることを述べているが，例外として，吊り構造や膜構造のような引張力による構造形式はスパンの大小により引張部材の大きさが違うという相違点があるだけで，その形式の大小がスパンの大小と無関係という点で特殊であるとしている[27]．

このように構造形式は特殊な例を除き，基本的にはそれぞれの構造形式にお

図4 古代ローマの学者で建築家であったウィトルウィウスは，人体のプロポーションについてその中心はへそであり，頭の高さで広げた両手と両足の先端はへそを中心とする円に接し，さらに，身長と両手を広げた長さで正方形が描かれるとした．この記述をもとにルネサンス期の画家たちにより様々なウィトルウィウス的人体図が描かれたが，もっとも有名なのがレオナルド・ダビンチによるドローイングである．

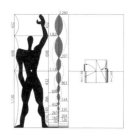

図5 ウィトルウィウス的人体図など，古来より多くの人々が身体各部の寸法を黄金比などに結びつけ人体寸法の体系化を行ってきた．ル・コルビュジェもここに着目し，1130mmをへその高さ，その2倍の2260mmを人が手を挙げた高さとし，それを包含する2倍正方形と黄金比で割り込んだ人体各部の寸法，身長1829mmなどを基準としたフィボナッチ数列からモデュロールとして体系化した．

ける適正な寸法とその限界があり，こうした寸法の限界を決めているのは物理的な力や技術的な側面であるといえる．

社会的・経済的側面からみた空間の寸法

前述したブルーメンフェルトは，ヒューマン・スケールを定義する一方で，巨大な橋，飛行場や格納庫，ダムと貯水池といった人間とは直接関係ない要素でその寸法が決まっているものを「人間的スケールからはずれたスケール（エクストラヒューマン・スケール）」とよび，歩行によっては全貌がとらえることができず，高速で移動する自動車などによって理解できるものであるとしている．しかし，ブルーメンフェルトはその存在を肯定する一方で，摩天楼の高層ビル群に対しては「独立した1つの彫刻（オブジェ）としての意味しかない．」と述べるように，機械などの非人間的な側面からみた寸法によって建物が巨大化していくことを否定的にとらえている[28]．一方，建築家では丹下健三が広島の陳列館の設計にあたり，人間の尺度を超えた尺度として，現代社会における群衆の尺度，あるいは，高速度交通の尺度について述べ，人間尺度と社会的人間尺度という二つの系列について考えていた[29]．また黒川紀章は，自動車専用道路や超高層ビルには都市に新たに導入された超人間的スピードや超人間的なスケールが関係しているといったことを述べている[30]．丹下の「社会的人間の尺度」も黒川の「超人間的なスケール」も，ブルーメンフェルトの「エクストラヒューマン・スケール」とほぼ同様の考え方といえる．

こうした機械などのものにより決まってくる寸法については前述した戸沼幸市も述べており，非人間的尺度あるいは非人間的規模とよんでいる．戸沼がその設定も一種の人間尺度に導かれたものだということにもかかわらず，ある時期から重点が人間を離れて機械や金銭や機構の方に移っていったと指摘するように[31]，その原点は人間の寸法から出発しているが，実際にはこれらの寸法は人間とは直接関係のない社会性や経済性が強く反映しているといえる．また原広司は，ものが大きくなるに従って，社会的経済的要因が複雑に介入し，その寸法を体系的に整理するには階層的寸法（規模）論とモデュラーコーディネーションに依拠した寸法の体系的把握といった二つの方向があることを述べている[32]．階層的寸法（規模）論は，建物別規模算定，人口当たりの必要施設量の算定など，人間の行為が，個人的，集団的に大きさと深く関わりがあるという考え方に基づいている[33]．それに対し，モデュラーコーディネーション（modular coordination，以下MC）はモジュールによって建築および建築各部の寸法関係を相互に関係づけるよう調整するもので，もともとは古代ギリシャにおいて神殿の柱の基部の直径である1モデュルスという単位により，美的な比例をつくる手法であった[34],[35],[36]．この考え方はルネサンス期において美の原理として比例の下に理解され，B・アルベルティやA・パラーディオは比の数値を音楽や幾何学などに求めた[37],[38],[39]．また，ル・コルビュジェは建築空間の美的法則として，人体寸法を黄金比で分解し，空間と部品との関係をシステム化する寸法体系として「モデュロール」を展開した[40],[41]．しかし，原が「この方法は，その起点に人間の行為に対応した寸法という考え方があるが，実際には大量生産される建築的要素とその配列規則とに関連して寸法体系を組みあげるべく展開した．」[42]というように，MCは今日において建築生産の合理化と建設費の引き下げなどといった工業化が目的となっている．

このように建築各部を構成する部材寸法をモデュールによって決定し，それ

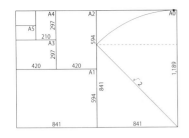

図6
A判はドイツの工業規格が基になっており，現在では国際標準規格（ISO）として採用されている．用紙の規格にはA判とB判があるが，縦横比はいずれも白銀比とよばれる1：√2となっている．基準となる大きさは，A0＝1㎡，B0＝√2㎡で，0を基数として長辺を1/2したものを1番，1番の長辺を1/2が2番というように分割され，どこまで半分にしても相似の長方形となる．

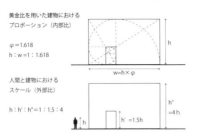

図7
一般にプロポーションは，部分と部分あるいは部分と全体の比率（内部比）を示す．例えば，建物全体の幅と高さの比などであり，そうした比の値の中でよく知られているものが黄金比である．それに対し，スケールはあるものとほかのものとの比率（外部比）を指すことが多い．特に，一方を人間に固定した場合の比較はヒューマンスケールとよばれ，建築を設計する上で重要なものとして扱われてきた．

らの部品をMCによって統合しようとする考え方は審美的ないし比例的関係を求める本来の目的とは異なり，今日においては社会的・経済的側面から合理化を目的としたものの寸法であるといえる．

寸法比としてのスケール
プロポーションの対概念としてのスケール

　スケールが図面などの縮尺を指す場合，実物の寸法に対する比を意味している．チャールズ・ムーアとジェラルド・アレンは，スケールという言葉が「あるものと他のものとの比較である」と考え，「スケールはサイズと同じことを指すものではない．スケールとは相対的なサイズ，つまり何か他のものとの比較した場合のあるもののサイズなのである」と定義している[43]．また，宮脇檀も「スケールという作業はあるものと他のものを比較する作業である」[44]とムーアらと同様のことを述べている．さらに，こうしたあるものと他のものを比較した場合の比という意味から，フィリップ・ブドンはスケールとプロポーションの違いについて論じている．ブドンはスケールとプローポーションの違いを明確に定義するため，デュクやパノフスキー，ウィトルウィウスなどのスケールやプロポーションにまつわる様々な言説を考察し，プロポーションを「同一の空間の中での一つの部分とそれとは異なる他の部分とが有する比の関係」と定義したうえで，スケールを「一つの空間の一部とそれとは異なる別の空間の一部との比の関係」と定義している．ブドンはマッチ箱を例にあげ，プロポーションはマッチ箱のある部分と別の部分との比較よって計測が行われ，マッチ箱全体は一つの閉じた体系としてみなされ，その箱のもつプロポーションだけではこの箱の寸法は知ることができない．箱の寸法を知るには，箱以外のしかもすでにその寸法を知っている別の要素，最終的には自身の身体との比較によって計測されると述べている[45]．このように，ブドンはスケールとプロポーションの差異をそれらの比が外部的か内部的かの違いによって指摘している．

寸法の変化にともなうプロポーションの歪みとしてのスケール

　プロポーションと寸法の関係は，外部から力（特に重力）が働く場合，物体の大きさはその寸法を2倍すると，面積は4倍，体積（重量）は8倍になるといったことから，そのプロポーションに大きな影響を与える．例えば，大スパン構造の場合のように全荷重の中で自重の割合が大きいときには，一定の材料による一定のプロポーションを保ったまま大きくしていくと自重と強度・剛性の関係が許容できる限界に近づく．その限界を超えて大きくするにはより強い材料に変えるか，断面の寸法をその他の寸法と比較してより大きくしなければならない．このことは物体のプロポーションが寸法によりある程度決まってくることを意味している[46], [47]．

　しかし，こうした寸法の増大に伴う重量の指数的増加による制約は，建築のように複雑な構造物では寸法効果により相殺されることをジェームズ・エドワード・ゴードンが指摘している．ゴードンによれば，構造物には圧縮部材と引張部材があり，引張部材は圧縮部材較べて軽くすることができ，また圧縮部材は座屈によって破壊される傾向があることから，支えるべき荷重が大きいほど効率的に働く．こうしたことから通常の組石造は，自重から生じる圧縮応力が極めて小さく，圧縮応力が建物の高さや耐久の支配的要因にならないため，

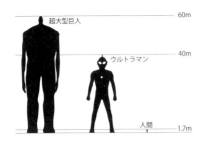

図8
人間が24倍になったとすると、体積すなわち体重は約1万3824倍になる。ウルトラマンが人間と同じ構造であるならば、それを支える胴体や脚の断面積は1万3824倍が必要となる。しかし、人間のプロポーションを保ったままでは576倍にしかならず、その細い脚で体重を支えることは不可能である。従って、その体重をささえるには超大型巨人（進撃の巨人）のように人間のプロポーションに比べ胴体や脚を膨らませたプロポーションが要求される。

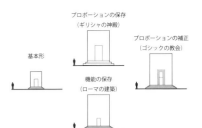

図9
プロポーションを保存したまま、拡大するとギリシャ神殿のように扉や階段の寸法が人間を超えた寸法となる。逆に機能を保存したまま拡大すると、扉や階段の寸法は人間との関係を維持するが、プロポーションが保存されないことになる。そこで、プロポーションと機能を保存したまま拡大するために、ゴシック建築では扉の周辺に装飾を加えることでプロポーションを維持するといった手法がとられている。

プロポーションを盲目的に参考にしても成立する唯一の構造物であると述べている[48]。

このように組石造はプロポーションを保ったまま大きくできる特殊な構造物であるが、プロポーションが一定の場合、機能的に問題が生じることを19世紀フランスの建築家、ヴィオレ・ル・デュクが述べている。デュクは、ギリシャ神殿の扉や階段の寸法は、建物の大きさに比例して大きくなり、階段などが人間の寸法と関係なくなってしまうのに対し、古代ローマの建物では、建物がいかに大きくなろうとも階段や扉は人間の寸法に対応していること、ゴシック建築は扉などの寸法は人間の寸法に対応しながら、その部分の周辺を操作することで全体とのプロポーションの関係を保っていることなどを説明している[49]。

このようにデュクは、大きさの変化にともなう形態と機能に起こる変化について建築的視点から説明しているが、こうした考え方は物理学などの分野ではスケーリングあるいはスケーリング則とよばれている[50]。特に生物学の分野では、形態との関係から語られることが多く、大きさを変えると、その形態の構造と機能にどのような変化が起こるかを扱い[51), 52), 53]、このような非相似的な形態の決まり方をアロメトリー（弾性相似）[54]的スケーリングとよんでいる。アロメトリーの語源はギリシャ語の"異なる"を意味するalloios（アロアス）からきており、すべての長さを一様に変えて同じ形をつくるアイソメトリー（isometry：同型）と対比される言葉である[55]。

生物学におけるアロメトリーは形態がいかに大きさに依存するか、またその結果、大きさが機能にどのような影響を及ぼすかを問題にしているが、このことを視覚心理学的な側面から取り上げているのが前述したアルンハイムである。アルンハイムは、生物学的アロメトリーが大きさの変化にともなう、構造的、機能的な要因によるプロポーションの歪みを示しているように、視覚心理的にも大きさの変化にともない様々なズレが生じるアロメトリー的側面があることを指摘している。この考え方の前提にはクロード・レヴィ・ストロースが述べた縮減という思考がもとになっている。これは大きなものは通常、部分から全体へと認識するのに対し、ものが小さくなるほどこの過程が逆になり、全体の認識が先行するというもので[56]、実際の建物と模型、あるいは大きなものと小さなものでは、視覚的にその質、例えば認識の過程や知覚的な重さ、柱や梁などの太さなどに様々なズレが生じるというのがアルンハイムの考える視覚心理的なアロメトリーである[57]。

このようにアルンハイムは視覚心理学的なアロメトリーを指摘しているが、このことは古典建築における視覚補正理論にも見出すことができる。この理論については土居義岳が古典主義建築における空間の大きさとの関係から研究している。視覚補正理論は仰角が大きい部位については寸法を割り増しにするというもので、一定の距離からみていることがその前提となっていること、内部空間と外部空間ではその理論がやや異なることなどを土居は指摘している[58), 59]。また、この理論は実際の建物のプロポーションが視覚的に歪むことを意味しており、まさしく視覚心理学的なアロメトリーであるといえる。

一方で、ロバート・ヴェンチューリはこうした形態におけるアロメトリー的な考え方を逆手にとり、大きさが異なるある二つのものの要素間における類縁関係をプロポーションを同じにすることで強調するといったことを行っている。形やプロポーションには構造上の裏付けがあり、大きさを変えればプロポーションも変えねばならないのでこのような考え方は現代においては禁忌であったとヴェンチューリが述べているように、こうしたスケールとプロポー

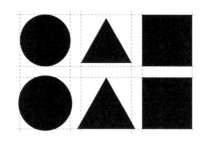

図10
デザインの世界では錯視を考慮した調整，すなわち視覚補正が行われる．例えば同じグリッドに内接する丸，三角，四角で考えると四角形の面積が広いので，丸や三角より大きく知覚される．このような場合，円や三角のサイズをグリッドのサイズより大きくすることで視覚的に同じ大きさにみえるような調整が行われる．

ハスラー（実車）
スズキが販売する軽ワゴンとSUVを融合させたクロスオーバー軽乗用車．リッター32km，全長3,395×全幅1,475×全高1,665mm．

ハスラー（チョロQ）
タカラトミーが販売する実写をデフォルメした約1/50サイズのプルバック式ゼンマイミニチュアカー．全長48×全幅30×全高28mm．

図11
チョロQは実車を極端に変形した表現であるデフォルメにより，コミカルな印象が売りのミニチュアカーである．従って，そのプロポーションは実車とは異なったものとなっている．ところが，近年の実車には居住性の追求などにより，結果的にではあるが色彩や形態にデフォルメ化したようなデザインがみられる．

ションの関係を意図的に行うことで，設計手法におけるアロメトリーを表現している[60]．

また，アロメトリー（弾性相似）的スケーリングは幾何学的世界と物理的世界の差異を示しているが，前述したブドンはこのことを幾何学的空間と建築的空間の差異ととらえ，スケールという概念を定義している．前述したように，ブドンはスケールを「一つの空間の一部とそれとは異なる別の空間の一部との比の関係」と定義しているが，最終的にブドンのいう比較（比）はそこに存在しないものとの比較，つまり建築的思考の際の参照体系とし，計測の方法にも様々なものがあるように，参照体系にも様々なものがあると位置づけている．また，建築的思考の中にあるこのような物差は伸縮自在のゴムのような，弾性的なものであり，ある物差が弾性の限界に達し破壊されてしまうと，別の物差へと移行するとも述べており[61]，まさしくアロメトリー的な建築的思考であるといえる．

こうしたアロメトリー的な建築的思考は，レム・コールハースが提唱した「ビックネス」にも見出すことができる．コールハースは，建築がある大きさを超えると獲得する資質を示す言葉として「ビックネス」を定義し，5つの定理により説明している．その中では，空間を機械的につなぐエレベーターと一連の発明により，古典的建築手法は無効となるといったことなどを述べており，建物が一定の臨界量を超えると，これまでの建築手法や倫理性によってとらえられない存在になることを示している．コールハースは，ビックネスがもたらす新たな建築的体系（理論）の必要性，すなわち別の物差へと移行を指摘している[62]．

建築におけるスケールの概念

ここではスケールを，〈測定の道具〉，〈寸法〉，〈寸法比〉の3つの一般的な意味よりとらえ，各種文献を通じて考察を行った．それらをまとめると以下のようになる．

〈測定の道具〉としてのスケールは，ものや感覚の大きさを測定するための規則を意味し，〈寸法〉としてのスケールは，もののディメンションをこの規則によって測定された数値として示される．建築においてはこうして測定されたものの寸法は建物を計画する際の参考資料として用いられる．これらの寸法はいくつかの側面から測定することができる．その第一は，人体寸法や動作寸法，生理機能といった物理的事象として測定できるもの．第二は，人間の空間に対する見方，感じ方といった感覚的現象として視覚心理学的に把握して定量的に示すもの．第三に，物理法則や材料，技術的な問題との関係から形態が持つ寸法の限界を測定するもの．第四は，社会的・経済的合理性から寸法を測定するといった，大きくわけて四つの面から測定することができる．こうして測定された寸法は，それぞれの体系として整理され，建物の大きさを決めるための基準，すなわちある種の物差となっている．

これに対し〈寸法比〉としてのスケールは，あるものと他のものとを比較した場合の寸法比という縮尺としての意味から，プロポーションとの違いを通して，概念的に展開される．建築において，プロポーションが「同一の空間の中でのある部分と他の部分とが有する比」であるのに対して，スケールは「一つの空間の一部とそれとは異なる別の空間の一部との比」ととらえるのが一般的な考え方である．例えば，ある二つのAとBという物体の高さと幅の比が

それぞれ 1:2 と 2:4 であるとすると，スケールは A と B の高さの比，あるいは A と B の幅の比を扱い，この場合二つの比の関係から B の高さと幅は A の 2 倍であるため，A と B は異なるものとみなされる．一方，プロポーションは，A と B それぞれの高さと幅の比を扱い，この場合二つの物体は同じ比の関係であるため，A と B は同じものであるとみなされる．また，歴史的にはこうした比の関係を黄金比などのある特定の比で成立させることがプロポーションの理論であった．

しかしここで，外部から何らかの力が加わっている場合，大きさの変化に伴いプロポーションが単純には保存されないといったことが生じてくる．〈大きさの変化に伴うプロポーションの歪み〉としてのスケールは，外部から力が働く環境では大きさを変えると構造的，機能的な問題から形態が非相似的に変化するというもので，生物学ではこのような非相似的な形態変化をアロメトリーとよぶ．生物学におけるアロメトリーは，形態がいかに大きさに依存するか，またその結果，大きさが機能にどのような影響を及ぼすかを問題にしているが，建築におけるアロメトリーは，構造的，機能的側面からだけでなく，視覚的，思考的側面あるいは設計手法としても展開することができる．例えば〈視覚的アロメトリー〉としてのスケールは，実際の大きさと視覚的な大きさ，あるいは小さなものと大きなものでは視覚心理的に様々な歪みが生じるというものである．また〈思考的アロメトリー〉としてのスケールは，建築的思考は様々な参照体系から成り立っており，一つの体系そのもがある程度の弾性的変化をもち，またその体系が限界に達すると別の体系を参照するというものである．

以上，ここでは建築のスケールに関する諸言説を通じて，その意味する内容について考察・検証した．建築におけるスケールとは，身体や視覚，技術や経済といった様々な水準を指標とする寸法の体系であるとともに，構造的，機能的，視覚的，思考的な要因から生じる，大きさの差異がもたらす類似する形態間の非相似的弾性変化（アロメトリー）として建築形態の内に顕在化するものであるといえる．

本編は，日本建築学会計画系論文集に掲載された著者らによる論文「建築におけるスケールの概念について」（日本建築学会計画系論文集第 594 号，pp231 〜 236，2005 年 8 月）及び 2005 年に竹内が提出した博士論文「現代日本の住宅作品におけるスケールによる意匠表現」の一部に図版などを中心に加筆・修正したものである．

参考文献及び註

1）「スケール」については「①物差など，長さを測る道具．②物体や空間の大きさを測ったり評価する際の長さの単位．③物体の大きさに対する図にかかれた大きさの割合→縮尺．④建物などの大きさの意味で用いることもある．（建築学用語辞典第二版，岩波書店，p371，1999）」や「①尺度．目盛．物さし．縮尺．②規模，程度，大きさ．（広辞苑第五版，岩波書店，p1284，1998）」といった定義されている．一方，「尺度」については「①物体や空間の大きさを測ったり評価する際の長さの単位．②感覚の強さを表す単位．感覚尺度という．③物体の大きさに対する図にかかれた大きさの割合→縮尺．（建築学用語辞典第二版，岩波書店，p310，1999）」や「①物の寸法を正確に測定するのに用いる具．②長さ．たけ．③転じて，計量の標準，評価の基準．（広辞苑第五版，岩波書店，p1236，1998）」といった定義がされている．スケールと尺度はほぼ同意語として扱われているが，「スケール」が規模や程度など，大きさとしての意味をもっている点で異なる．ここでは尺度をスケールがもつ意味の一つとして扱う．なお，スケールの語源はラテン語で階段や梯子を意味する scalae から来ている．（外来語の語源，角川書店，pp269 〜 270，1979）

2）小泉袈裟勝：単位の起源辞典改訂 4 版，東書選書 79，東京書籍，pp157 〜 158，1982

3）岩井一幸，奥田宗幸：図解すまいの寸法・計画辞典，彰国社，pp216 〜 219，1992

4）小林盛太：建築デザインの原点，彰国社，pp51 〜 53，1972

5）小泉袈裟勝：単位の辞典，ラティス，pp301 〜 304，1965

6) メートルの定義はその後，70余年にわたりメートル原器を標準としてきたが1960年にクリプトン86原子のスペクトル線の波長を用いて定義することになった．さらに，レーザ技術の発展により，1983年に光が真空中を1/299,792,458秒間に進む距離として定義されている．（工業技術院計量研究所訳・監修：国際単位系(SI)　グローバル化社会の共通ルール　国際文書第7版　日本語版，日本規格協会，p16, 1998）

7) 社会学事典，弘文堂，pp426 〜 427, 1988

8) 新社会学事典，有斐閣，pp663 〜 664, 1993

9) 前掲3) pp216 〜 pp218

10) 正田亘：人間工学，増補新版，恒星社厚生閣，pp1 〜 12, 1997

11) 日本建築学会編：建築設計資料集成3　単位空間1，丸善，pp1 〜 78, 1980

12) 日本建築学会編：建築人間工学事典，彰国社，1990

13) 岡田光正：建築人間工学　空間デザインの原点，理工学社，1993

14) 小原二郎，内田祥哉，宇野英隆編：建築　室内　人間工学，鹿島出版会，pp194 〜 220, 1969

15) 戸沼幸市：人間尺度論，彰国社，1978

16) Hans Blumenfeld and Paul D. Spreiregen (Eds.)：The Modern Metropolis: Its Origins, Growth, Characteristics and Planning, The MIT Press, Cambridge, MA, 1967；加藤源訳：現代都市論　その発生・成長・特性・計画，鹿島出版会，pp208 〜 217, pp231 〜 232, 1973

17) 樋口忠彦：景観の構造，技報堂出版，1975

18) 芦原義信：外部空間の構成，彰国社，1962

19) 芦原義信：外部空間の設計，彰国社，1975

20) 高橋鷹志，ほか4名：識別尺度に関する研究1・2，日本建築学会論文報告集号外，pp500 〜 501, 1966.10

21) 高橋鷹志，ほか5名：識別尺度に関する研究3・4，日本建築学会論文報告集号外，pp736 〜 737, 1967.10

22) 高橋鷹志，西出和彦：外部空間の尺度に関する研究，日本建築学会大会学術講演梗概集，pp913 〜 914, 1976

23) 張奕文，ほか4名：距離によるファサードの見栄の変化に関する研究，日本建築学会計画系論文集，No468, pp143 〜 149, 1995.02

24) 金鍾河，ほか2名：視点・視対象間距離と色彩変化の関係　CGによる距離感表現に関する研究　その1，日本建築学会計画系論文集，No475, pp209 〜 215, 1995.05

25) 金鍾河，ほか3名：視点・視対象間距離による建物の色彩変化　CGによる建物の距離感表現に関する研究，日本建築学会計画系論文集，No486, pp241 〜 248, 1996.08

26) Rudolf Arnheim：The Dynamics of Architectural Form, University of California Press, Berkeley, CA, 1977；乾正雄訳：建築形態のダイナミクス（上），SD選書160，鹿島出版会，pp201 〜 207, 1980

27) Forrest Wilson：STRUCTURE: The Essennce of Architecture, Studio Vista, London, 1971；山本学治，稲葉武司訳：構造と空間の感覚，SD選書104，鹿島出版会，pp114 〜 122, 1976

28) 前掲16) pp221 〜 228, pp232 〜 235

29) 丹下健三：人間と建築　デザインおぼえがき，彰国社，pp218 〜 219, 1970

30) 黒川紀章：都市デザイン，紀伊国屋書店，pp29 〜 30, 1978

31) 前掲15) pp86 〜 90

32) 原広司，鈴木成文，服部峰生，太田利彦，守屋秀夫：新建築学大系23　建築計画，彰国社，pp305 〜 pp308, 1977

33) 岡田光正，高橋鷹志，新建築学大系13　建築規模論，彰国社，1988

34) 前掲4) pp42 〜 51，前掲13) pp71 〜 74

35) 日本建築学会パンフレット：モデュールと設計，彰国社，pp1 〜 2, 1961

36) 日本建築学会編：建築家のための国際製図法，彰国社，pp11 〜 142, 1993

37) Leone Battista Alberti：De re aedificatoria, 1485；相沢浩訳：建築論，中央公論美術出版，1982

38) 桐敷真二郎編著：パラーディオ「建築四書」注解，中央公論美術出版，1986

39) 森田慶一：建築論，東海大学出版会，pp197 〜 206, 1978

40) Le Corbusier：LE MODULOR, 1948；吉坂隆正訳：モデュロールI，SD選書111，鹿島出版会，1976

41) Le Corbusier：MODULOR II, 1954；吉坂隆正訳：モデュロールII，SD選書112，鹿島出版会，1954

42) 前掲32) p306

43) Charles Willard Moore and Gerald Allen：Dimensions: Space, Shape & Scale in Architecture, Architectural Record Books, New York, 1976；石井和紘，安藤正雄訳：ディメンション　空間・形・スケールについての考察，新建築社，pp25 〜 26, 1977

44）宮脇檀，コンペイトウ：現代建築用語録，彰国社，p124，1971

45）Philippe Boudon：SUR L'ESPACE ARCHITECTURAL，Dunod，Paris，1971；中村貴志訳：建築空間　尺度について，SD 選書 130，鹿島出版，pp133 〜 152，1978

46）前掲 27）pp27 〜 36

47）Rowland J. Mainstone：DEVELOPMENTS IN STRUCTURAL FORAM，Penguin Books，London，1975；山本学治，三上祐三訳：構造とその形態，彰国社，pp81 〜 82，1984

48）J. E. Gordon：STRUCTURES: or Why Things Don't Down，Penguin Books，London，1978；石川廣三訳：構造の世界　なぜ構造物は崩れ落ちないでいられるのか，丸善，p11，pp149 〜 178，1991

49）Viollet-Le-Duc Eugène Emmanuel：Dictionnaire raisonné de l'Architecture Française du XIe au XVIe siècle, Librairies Imprimeries Rénies, Ancienne Maison MOREL, Paris, 1854-68，部分訳については前掲 45）pp220 〜 245 参照.

50）スケーリング理論という名称は，物理学のいろいろな分野に登場し，その内容は多少異なる．しかし，基本的には常に何らかの目盛り（スケール），例えばエネルギーとか系の大きさをとかを変化させたときに種々の量がどのように変化するかを明らかにすることにより，物理量のふるまいを決定しようとする考え方である．（物理学大事典第 2 版，丸善，pp26 〜 27，1990）

51）Christine Bondi（Eds）：NEW APPLICATIONS OF MATHEMATICS，Penguin Books，London，1991；宮崎忠訳：新しい応用数学入門（上）販売予測から生物のスケーリング法まで，ブルーバックス 964，講談社，pp204 〜 224，1993

52）本川達雄：ゾウの時間ネズミの時間　サイズの生物学，中公新書 0187，中央公論新社，pp129 〜 133，1992

53）Knut Schmidt-Nielsen：Scaling: Why is animal size so important?，Cambridge University Press，New York，1984，；下澤楯夫監訳　大原昌宏・浦野知共訳，：スケーリング　動物設計論　動物の大きさは何で決まるのか，コロナ社，pp8 〜 19，1984

54）相対成長にもとづく非比例的成長関係をあらわす語．J.S. ハクスリらにより用いられはじめた．アロメトリーを相対成長と訳す場合も多い．（八杉龍一他編：生物学辞典第四版，岩波書店，pp44 〜 45，1996）

55）前掲 53）p16

56）Claude Lévi-Strauss：LA PENSÉE SAUVAGE，Librairie Plon，Paris，1962；大橋保夫訳：野生の思考，みすず書房，pp29 〜 30，1976

57）前掲 26）pp188 〜 196

58）土居義岳：古典主義建築における視覚補正理論と空間スケール，日本建築学会計画系論文集，No523，pp307 〜 313，1999.9

59）土居義岳：古典主義建築における視覚補正理論と室内空間スケール，日本建築学会計画系論文集，No587，pp229 〜 234，2005.1

60）Robert Venturi：COMPLEXITY AND CONTRADICTION IN ARCHITECTURE，The Museum of Modern Art，New York，1966，1977；伊藤公文訳：建築の多様性と対立性，SD 選書 174，鹿島出版会，pp243 〜 244，1982

61）前掲 45）pp169 〜 173

62）Rem Koolhaas：S,M,L,XL，The Monacelli Press，New York，1995；大田佳代子，渡辺佐知恵訳：S,M,L,XL＋現代都市をめぐるエッセイ，ちくま学芸文庫，筑摩書房，pp051 〜 063，2015

図及び表の出典

図 1　岩井一幸，奥田宗幸：図解すまいの寸法・計画辞典，彰国社，1992 より作成

表 1　内藤 昌：江戸と江戸城，鹿島出版会，1966 より作成

図 2，9　高橋研究室編：かたちのデータファイル，彰国社，1984 より作成

図 3　芦原義信：外部空間の設計，彰国社，1975 より作成

図 4　Leonardo da Vinchi, Vitruvian Man, wikipedia，1485〜1490 より作成

図 5　日本建築学会編：モデュール割りと建築生産の工業化，日本建築学会，1964 より作成

図 8　諌山 創：進撃の巨人 INSIDE 抗，講談社及び円谷プロ公式サイト（https://m-78.jp/）の設定より作成

図 11　HUSTLER：スズキ株式会社，チョロ Q：タカラトミー（撮影：竹内）

作品リスト | List of Works

円形 | Circle （pp12-31）

C-001. メサキン・クゥイサーの住居 | Mesakin Quasar Dwelling
Sudan

C-002. モンゴルのゲル | Mongolian Ger
Mongolia

C-003. テンピエット | Tempietto
ドナト・ブラマンテ | Donato Bramante, Roma, Italy, 1502

C-004. ブルゴスのバス停 | Burgos Bulevar
ヘルツォーク＆ド・ムーロン | Herzog & de Meuron, Burgos, Spain, 2012

C-005. ルイア族の住居 | Luyia Dwelling
Kenya

C-006. パイナップル型の住宅 | Pineapple House
森京介 | Kyosuke Mori, Tokyo, Japan, 1956

C-007. 空の見える下階と街のような上階 | House in Chiharada
studio velocity, Aichi, Japan, 2012

C-008. 舜居 | Shun-kyo
齋藤裕 | Yutaka Saito, Tokyo, Japan, 1997

C-009. 軽井沢の新スタジオ | Karuizawa New Studio
アントニン・レーモンド | Antonin Raymond, Nagano, Japan, 1962

C-010. トータル社サービスステーション | Total Filling Station
ジャン・プルーヴェ | Jean Prouvé, Nantes, France, 1969

C-011. ウィチタ・ハウス | Wichita House
バックミンスター・フラー | Backminster Fuller, Kansas, USA, 1947

C-012. メーリニコフ自邸 | Melnikov House
コンスタンチン・メーリニコフ | Constantin Melnikov, Moscow, Russia, 1929

C-013. ガラスの家 | Glass Pavilion
ブルーノ・タウト | Bruno Taut, Germany, 1914

C-014. カーサ・ロトンダ | Casa Rotunda
マリオ・ボッタ | Mario Botta, Stabio, Switzerland, 1982

C-015. ワイワイ族の共同住居 | Wai-Wai Communal Dwelling
Guyana

C-016. 森の別荘 | Villa in the Forest
妹島和世 | Kazuyo Sejima, Nagano, Japan, 1994

C-017. ピサの斜塔 | Tower of Pisa
ボナンノ・ピサーノ | Bonanno Pisano, Pisa, Italy, 1372

C-018. エピダウロスのトロス | The Tholos at Epidaurus
Pelopónnisos, Greece, 320 BC

C-019. 三愛ドリームセンター | San-Ai Dream Center
林昌二＋日建設計 | Shoji Hayashi, Nikken Sekki, Tokyo, Japan, 1963

C-020. 龍の砦 | Dragon Fort
渡邊洋治 | Yoji Watanabe, Shizuoka, Japan, 1968

C-021. スルブ・プルキッチ聖堂 | The Church of the Redeemer-
(Surb Prkich), Ani, Turkey, 1035

C-022. クリニック / ハウス N | Clinic / House N
小嶋一浩 | Kazuhiro Kojima, Chiba, Japan, 2002

C-023. しらさぎ美術館 | Shirasagi Museum
押尾章治 | Shoji Oshio, Tochigi, Japan, 2010

C-024.Gravitecture 大阪城 | G//O Gravitecture Osaka Castle
遠藤秀平 | Shuhei Endo, Osaka, Japan, 2005

C-025. ラヴィレットの関門 | Rotonda de la Villete
クロード・ニコラ・ルドゥー | Claude Nicolas Ledoux, Paris, 1789

C-026. ヴィラ・アドリアーナ | Villa Adriana
ハドリアヌス | Hadrianus, Tivoli, Italy, 133

C-027. 潟博物館 | Fukushima Lagoon Museum
青木淳 | Jun Aoki, Niigata, Japan, 1997

C-028. テンペリアウキオ教会 | Temppeliaukion Kirkko
スオマライネン兄弟 | Timo and Tuomo Suomalainen, Helsinki, Finland, 1969

C-029. 豊栄市立図書館 | Toyosaka City Library
安藤忠雄 | Tadao Ando, Niigata, Japan, 2000

C-030. 資生堂アートハウス | Shiseido Art House
谷口吉生 | Yoshio Taniguchi, Shizuoka, Japan, 1978

C-031. ストックホルム市立図書館 | Stockholm City Library
グンナール・アスプルンド | Erik Gunnar Asplund, Sweden, 1928

C-032. 遊水館 | Yusuikan
青木淳 | Jun Aoki, Niigata, Japan, 1997

C-033. Menara Mesiniaga
Ken Yeang, Selangor, Malaysia, 1994

C-034. グッゲンハイム美術館 | Guggenheim Museum
フランク・ロイド・ライト | Frank Lloyd Wright, New York, USA, 1959

C-035. ストーンヘンジ | Stonehenge
Salisbury, UK

C-036. 今治市岩田健母と子のミュージアム | Ken Iwata Mother And Child
Museum, Imabari City,　伊東豊雄 | Toyo Ito, Aichi, Japan, 2011

C-037. Baha'i Temple
シアマク・ハリリ | Siamak Hariri, Penalolen, Chile, 2016

C-038. ズヴァルトノツの教会堂 | Zvartnots Cathedral
Echmiadzin, Armenia, 7th century

C-039. 福建土楼 | Fujian Tulou
Fujian, China, 12th century-

C-040. 新横浜プリンスホテル | Shin Yokohama Prince Hotel
清水建設 | Shimizu Corporation, Kanagawa, Japan, 1992

C-041. ブラバトニック公共政策大学院 | Blavatnik School of Government
ヘルツォーク＆ド・ムーロン | Herzog & de Meuron, Oxford, UK, 2015

C-042. 八千代校舎施設 | *Tsuru Gakuen Yachiyo Campus*
村上徹 | Toru Murakami, Hiroshima, Japan, 2000

C-043. マリーナ・シティ | *Marina Towers Condo Association*
バートランド・ゴールドバーグ | Bertrand Goldberg, Chicago, USA, 1964

C-044. 愚者の塔 | *The Narrenturm*
ヨーゼフ・ゲール | Josef Gerl, Wien, Austria, 1784

- -

C-101. シャイン・ドーム | *The Shine Dome*
ロイ・グラウンズ | Roy Grounds, Canberra, Australia, 1958

C-102. すばる望遠鏡 | *Subaru Telescope*
三菱電機 | Mitsubishi Electric, Hawaii, USA, 1991

C-103. Solo House
OFFICE Kersten Geers David Van Severen, Matarranya, Spain, 2017

C-104. 東京スカイツリー | *Tokyo Skytreee*
日建設計 | Nikken Sekkei, Tokyo, Japan, 2012

C-105. 御杖小学校 | *Mitsue Primary School*
青木淳 | Jun Aoki, Nara, Japan, 1998

C-106. フィンランド森林博物館 | *The Finnish Forest Museum*
Kaira-Lahdelma-Mahlamäki, Punkaharju, Finland, 1994

C-107. 30 セント・メリー・アクス | *30 St Mary Axe*
ノーマン・フォスター | Norman Foster, London, UK, 2003

C-108. パンテオン | *Pantheon*
マルクス・アグリッパ | Marcus Agrippa, Roma, Italy, 125

C-109. ニテロイ現代美術館 | *Niterói Contemporary Art Museum*
オスカー・ニーマイヤー | Oscar Niemeyer, Rio de Janeiro, Brazil, 1996

C-110. サント・ステファノ・ロトンド | *Santo Stefano Rotondo*
ベルナルド・ロッセリーノ | Bernard Rossellino, Roma, Italy, 483

C-111. 羽田クロノゲート | *Haneda Chronogate*
日建設計 | Nikken Sekkei, Tokyo, Japan, 2013

C-112. ブラジリア大聖堂 | *Cathedral of Brasilia*
オスカー・ニーマイヤー | Oscar Niemeyer, Brasilia, Brazil, 1970

C-113. 都幾川村文化体育センター | *Tokigawa Sport-Culture Center*
鈴木恂 | Makoto Suzuki, Saitama, Japan, 1997

C-114. London City Hall
ノーマン・フォスター | Norman Foster, London, UK, 2002

C-115. 太田市総合ふれあいセンター | *Ota Central Community Center*
今村雅樹 | Msaki Imamura, Gunma, Japan, 1998

C-116. 国際芸術センター青森 | *Aomori Contemporary Art Centre*
安藤忠雄 | Tadao Ando, Aomori, Japan, 2003

C-117. 菊水円形歩道橋 | *Kikusui Circular Pedestrian Bridge*
Hokkaido, Japan, 1971

C-118. ポーラ美術館 | *Pola Museum of Art*
日建設計 | Nikken Sekkei, Kanagawa, Japan, 2002

C-119. ウィーンのガソメーター | *Gasometers of Vienna*
Nouvel+Himmelblau+Wehdorn+Holzbauer, Wien, Austria, 2001-

C-120. スポーツ・パレス | *Palazzetto dello Sport, Roma*
ピエール・ルイージ・ネルヴィ | Pier Luigi Nervi, Roma, Italy, 1958

C-121. サンタンジェロ城 | *Castel Sant'Angelo*
Roma, Italy, 139

C-122. ブルス・ド・コメルス | *Bourse de Commerce*
アンリ・ブロンデル | Henri Blonde, Paris, France, 1889

C-123. スペイン文化遺産研究所本部 | *Spanish Cultural Heritage Headquarters,* フェルナンド・イゲーラス | Fernando Higueras, Madrid, Spain, 1970

C-124. ティツゲン学生寮 | *Tietgen Domitory*
Lundgaard & Tranberg, Copenhagen, Denmark, 2006

C-125. The Druzhba Sanatorium
Igor Vasilevsky, Yalta, Ukraine, 1984

C-126. バイオスフィア | *Montreal Biosphère*
バックミンスター・フラー | Backminster Fuller, Canada, 1967

C-127. 天壇 | *Temple of Heaven*
Beijing, China, 1420

C-128. アスペンドスの劇場 | *Aspendos*
Zenon, Antalya, Turkey, 155

C-129. 東京体育館 | *Tokyo Metropolitan Gymnasium*
槇文彦 | Fumihiko Maki, Tokyo, Japan, 1990

C-130. サーメ議事堂 | *Sami Parliament of Norway*
Stein Halvorsen+Christian Sundby, Karasjok, Norway, 1964

C-131. 金沢 21 世紀美術館 | *21st Century Museum of Contemporary Art, Kanazawa*, SANAA, Ishikawa, Japan, 2004

C-132. ウィンブルドン No.1 コート | *Wimbledon No.1 Court*
Wimbledon, UK, 1997

C-133. ベルリンオリンピック自転車競技場 | *Velodrom*
ドミニク・ペロー | Dominique Perrault, Berlin, Germany, 1999

C-134. アレキサンドリア図書館 | *Bibliotheca Alexandrina*
Snøhetta, Alexandria, Egypt, 2001

C-135. パラロットマティカ | *PalaLottomatica*
ピエール・ルイージ・ネルヴィ | Pier Luigi Nervi, Roma, Italy, 1956

C-136. ルーブル・アブダビ | *Louvre Abu Dhabi*
ジャン・ヌーヴェル | Jean Nouvel, Abu Dhabi, UAE, 2017

C-137. シャルル・ド・ゴール空港第 1 ターミナル | *CDG Airport Terminal 1*
ポール・アンドリュー | Paul Andreu, Paris, France, 1974

- -

C-201. シャルル・ド・ゴール広場 | *Place Charles-de-Gaulle*
Paris, France

C-202. 横浜スタジアム | *Yokohama Stadium*
創和設計 | Sowa sekkei, Kanagawa, Japan, 1978

C-203. 福岡ドーム | *Fukuoka Dome*
竹中工務店 | Takenaka Corporation, Fukuoka, Japan, 1993

C-204. マクラーレン・テクノロジー・センター | *McLaren Technology Centre*, ノーマン・フォスター | Norman Foster, Woking, UK, 2011

C-205. 仁徳天皇陵 | *Tomb of Emperor Nintoku*
Osaka, Japan, 5th century

C-206. アルムデナ墓地 | *Cementerio de la Almudena*
Madrid, Spain, 1884

C-207. ビッグアイ | *Oita Stadium*
黒川紀章 | Kisho Kurokawa, Oita, Japan, 2001

C-208. スタジアム・オーストラリア | *Stadium Australia*
Populous, Sydney, Australia, 1996

C-209. エスタジオ・ナシオナル・デ・ブラジリア | *Brasilia National Stadium*, Castro Mello+gmp, Brasilia, Brazil, 2013 (1974)

C-210. ミレニアム・ドーム | *Millennium Dome*
リチャード・ロジャース | Richard George Rogers, London, UK, 1999

C-211. アレシボ天文台 | *Arecibo Observatory*
William E. Gordon, Arecibo, Puerto Rico, 1963

C-212. ショーの製塩工場 | *Saline royale d'Arc-et-Senans*
クロード・ニコラ・ルドゥー | Claude Nicolas Ledoux, Doubs, 1779

C-213. スプリング8 | *SPring-8*
日本原子力研究所 | JAERI, Hyogo, Japan, 1997

C-214. アップル・パーク | *Apple Park*
ノーマン・フォスター | Norman Foster, California, USA, 2017

C-215. カンカリア湖 | *Kankaria Lake*
Ahmedabad, Indea

C-216. 行田団地 | *Gyoda Area*
Chiba, Tokyo

C-217. センターピボットの円形農場 | *Circular Fields using Center-pivot Irrigation*, Horse Heaven, Washington, USA

C-218. カールスルーエ城 | *Karlsruhe Palace*
Charles III William, Margrave of Baden-Durlach, Germany, 1715

C-219. ダンマームの湾岸宮殿 | *Qasr Al-Khaleej*
Dammam, Saudi Arabia

C-220. レトラカネ鉱山 | *Letlhakane Diamond Mine*
Botswana

C-221. アイヴァンパー太陽光発電システム | *Ivanpah Solar Electric-Generating System*, California, USA, 2014

C-222. フェルミ国立加速器研究所 | *Fermilab*
Chicago, USA, 1967

C-223. ロトンダコミュニティ公園 | *Rotonda Community Park*
Rotonda West, USA

正方形 | Square （pp34-51）

S-001. 妙喜庵茶室待庵 | *Myokian Taian*
千利休 | Sen no Rikyu, Kyoto, Japan, 1582

S-002. カップマルタンの休憩小屋 | *Roquebrune-Cap-Martin*
ル・コルビュジエ | Le Corbusier, Cap-Martin, France, 1952

S-003. 紙のログハウス | *Peper Log House*
坂茂 | Shigeru Ban, Hyogo, Japan, 1995

S-004. **Small House**
畝森泰行 | Hiroyuki Unemori, Tokyo, Japan, 2010

S-005. **PLAZA HOUSE**
宮脇檀 | Mayumi Miyawaki, Japan, 1968

S-006. 梅ヶ丘の住宅 | *House in Umegaoka*
佐藤光彦 | Mitsuhiko Sato, Tokyo, Japan, 1998

S-007. 最小限住居 | *Minimum House*
増沢洵 | Makoto Masuzawa, Tokyo, Japan, 1952

S-008. 中尊寺金色堂 | *Chuson-ji Temple*
藤原清衡 | Fujiwara no Kiyohira, Iwate, Japan, 1124

S-009. **White Room**
atelier nishikata, Tokyo, Japan, 2015

S-010. キュビストの家 | *Cubist House*
小川晋一 | Shinichi Ogawa, Yamaguchi, Japan, 1990

S-011. アニハウス | *Ani House*
アトリエ・ワン | Atelier Bow-Wow, Kanagawa, Japan, 1997

S-012. 有時庵 | *UJI-AN*
磯崎新 | Arata Isozaki, Tokyo, Japan, 1992

S-013. スモールハウス H | *Small House H*
乾久美子 | Kumiko Inui, Gunma, Japan, 2009

S-014. まつかわぼっくす | *Matsukawa Box*
宮脇檀 | Mayumi Miyawaki, Tokyo, Japan, 1971

S-015. **SH-18**
広瀬鎌二 | Kenji Hirose, Tokyo, Japan, 1958

S-016. 正方形の家 | *The Square House*
番匠谷尭二 | Gyoji Banshoya,1952

S-017. 土浦邸 | *Tsuchiura House*
土浦亀城 | Kameki Tsuchiura, Tokyo, Japan, 1935

S-018. 駒沢オリンピック公園管制塔 | *Komazawa Olympic Gymnasium and Control Tower*, 芦原義信 | Yoshinobu Ashihara, Tokyo, Japan, 1964

S-019. **villa kanousan**
柄沢祐輔 | Yuusuke Karasawa, Chiba, Japan, 2009

S-020. 軽井沢の山荘 | *Mountain Lodge at Karuizawa*
吉村順三 | Junzo Yoshimura, Nagano, Japan, 1962

S-021. 土間の家 | *House with an Earthen Floor*
篠原一男 | Kazuo Shinohara, Nagano, Japan, 1963

S-022. スキー・ハウス | *Brant-Johnson Ski House*
ロバート・ヴェンチューリ | Robert Venturi, Colorado, USA, 1977

S-023. テッセナウ邸 | *Haus Tessenow*
ハインリッヒ・テッセナウ | Heinrich Tessenow, Berlin, Germany, 1929

S-024. 反住器 | *Anti-Dwelling Box*
毛綱毅曠 | Kiko Mozuna, Hokkaido, Japan, 1972

S-025. 浦邸 | *Ura House*
吉阪隆正 | Takamasa Yoshizaka, Hyogo, Japan, 1955

S-026. 阿部勤邸 | *Abe House*
阿部勤 | Tsutomu Abe, Saitama, Japan, 1974

S-027. 情緒障害児短期治療施設 | *Children's Center for Psychiatric Rehabilitation*
藤本壮介 | Sou Fujimoto, Hokkaido, Japan, 2004

S-028. 洗足の連結住棟 | *G-Flat*
北山恒 | Kou Kitayama, Tokyo, Japan, 2006

S-029. F 8x8 BCC House
ジャン・プルーヴェ | Jean Prouvé

S-030. フィッシャー邸 | *Fisher House*
ルイ・カーン | Louis I Kahn, Philadelphia, USA, 1967

S-031. グラブスの住宅 | *Haus Gantenbein*
ピーター・メリクリ | Peter Märkli, Grabs, Switzerland, 1995

S-032. 等々力邸 | *Todoroki House*
藤井博巳 | Hiromi Fujii, Chiba, Japan, 1975

S-033. 円覚寺舎利殿 | *Engaku-ji Temple*
北条時宗 | Houjou Tokimune, Kanagawa, Japan, 15th century

S-034. 散田の家 | *House in Sanda*
坂本一成 | Kazunari Sakamoto, Tokyo, Japan, 1969

S-035. 桜台の住宅 | *House in Sakuradai*
長谷川豪 | Go Hasegawa, Mie, Japan, 2006

S-036. ポリ・ハウス | *Poli House*
Pezo Von Ellrichshausen, Coliumo, Chile, 2005

S-037. 宮城教授の家 | *Miyagi House*
清家清 | Kiyoshi Seike, Tokyo, Japan, 1953

S-038. リヴァ・サン・ヴィターレの住宅 | *House at Riva San Vitale*
マリオ・ボッタ | Mario Botta, Ticino, Switzerland, 1973

S-039. 白の家 | *House in White*
篠原一男 | Kazuo Shinohara, Tokyo, Japan, 1966

S-040. スカイハウス | *Sky House*
菊竹清訓 | Kiyonori Kikutake, Tokyo, Japan, 1958

S-041. ムーア自邸 | *Moore House*
チャールズ・ムーア | Charles Moore, California, USA, 1962

S-042. ノルチェピングのヴィラ | *Villa Norrköping*
スヴェレ・フェーン | Sverre Fehn, Norrköping, Sweden, 1964

S-043. Weekend House, Merchtem
OFFICE Kersten Geers David Van Severen, Merchtem, Belgium, 2012

S-044. 駿府教会 | *Sunpu Church*
西沢大良 | Taira Nishizawa, Shizuoka, Japan, 2008

S-045. 中山邸 | *Nakayama House*
磯崎新 | Arata Isozaki, Oita, Japan, 1964

S-046. 起爆空間 | *Initiation Space*
林泰義 | Yasuyoshi hayashi, Tokyo, Japan, 1966

S-047. 未完の家 | *The Uncompleted House*
篠原一男 | Kazuo Shinohara, Tokyo, Japan, 1970

S-048. セントラル・ベヒーア保険会社 | *Centraal Beheer Insurance Offices*
ヘルマン・ヘルツベルハー | Herman Hertzberger, Apeldoorn, Netherlands, 1972

S-049. アプタイベルク美術館 | *Abteiberg Museum Mönchengladbach*
ハンス・ホライン | Hans Hollein, Menhengurādobahha, Germany, 1982

S-050. 延暦寺にない堂 | *Enryaku-ji Temple*
Kyoto, Japan, 1595

S-051. リチャーズ医学研究所 | *Richards Medical Research Building*
ルイ・カーン | Louis I Kahn, Philadelphia, USA, 1964

S-052. ウィークエンドハウス | *Weekend House*
西沢立衛 | Ryue Nishizawa, Gunma, Japan, 1998

S-053. Office of Valerio Olgiati
ヴァレリオ・オルジアティ | Valerio Olgiati, Flims, Switzerland, 2007

S-054. ハウス アム ホルン | *Haus am Horn*
Georg Muche+Adolf Meyer, Weimar, Germany, 1923

S-055. 根来寺大塔 | *Negoro-ji Temple*
Wakayama, Japan, 1547

S-056. Villa, Buggenhout
OFFICE Kersten Geers David Van Severen, Buggenhout, Belgium, 2013

S-057. カアバ神殿 | *Kabah*
ムハンマド王 | King Muhammad, Mecca, Saudi Arabia

S-058. Chaumukhi Stepwell
Indea

S-059. House II
ピーター・アイゼンマン | Peter Eisenman, Vermont, USA, 1970

S-060. Copper House 2
スミルハン・ラディック | Smiljan Radic, Talca, Chile, 2005

S-061. コエ・タロ（夏の家）| *Muuratsalon koetalo*
アルヴァ・アアルト | Alvar Aalto, Finland, 1954

S-062. キンゴー・ハウス | Kingo Houses
ヨーン・ウッツォン | Jørn Utzon, Helsingør, Denmark, 1960

S-063. Shibaura House
妹島和世 | Kazuyo Sejima, Tokyo, Japan, 2011

S-064. フォーラムビルディング | Forum Building
谷口吉生 | Yoshio Taniguchi, Tokyo, Japan, 2010

S-065. ヴェネチア・ビエンナーレ日本館 | Venice Biennale Japan Pavilion
吉阪隆正 | Takamasa Yoshizaka, Venice, Italy, 1956

S-066. 江山閣 | Kozankaku Student Residence
妹島和世 | Kazuyo Sejima, Ibaraki, Japan, 2000

S-067. ガスパール邸 | Casa Gaspar
アルベルト・カンポ・バエザ | Alberto Campo Baeza, Vejer, Spain, 1991

S-068. 出雲大社本殿 | Izumo Taisha
Shimane, Japan, 1744

S-069. ソロ・ハウス | Solo House
Pezo Von Ellrichshausen, Teruel, Spain, 2013

S-070. 浄土寺浄土堂 | Jodo-ji Temple
重源 | Tyougen, Hyogo, Japan, 1192

S-071. サヴォア邸 | Villa Savoye
ル・コルビュジエ | Le Corbusier, Paris, France, 1929

S-072. Structure and Gardens
BAUKUNST, Brussels, Belgium, 2014

S-101. モデナ墓地 | San Cataldo Cemetery
アルド・ロッシ | Aldo Rossi, Modena, Italy, 1971

S-102. 熊野古道なかへち美術館 | Kumanokodo Nakahechi Museum
妹島和世 | Kazuyo Sejima, Wakayama, Japan, 1997

S-103. ヤオコー川越美術館 | Yaoko Kawagoe Museum
伊東豊雄 | Toyo Ito, Saitama, Japan, 2011

S-104. T-HOUSE
長谷川逸子 | Itsuko Hasegawa, Japan, 2004

S-105. ヴィラ・ロトンダ | Villa La Rotonda
パラーディオ | Palladio, Venice, Italy, 1566

S-106. 八王子セミナーハウス | Inter-University Seminar House
吉阪隆正 | Takamasa Yoshizaka, Tokyo, Japan, 1965

S-107. バカルディの瓶詰工場 | Bacardí Rum Factory
フレリック・キャンデラ | Felix Candela, Mexico City, Mexico, 1971

S-108. 繊維業会館 | Millowner's Association Building
ル・コルビュジエ | Le Corbusier, Ahmedabad, India, 1954

S-109. ブレゲンツ美術館 | Kunsthaus Bregenz
ピーター・ズントー | Peter Zumthor, Austria, 1997

S-110. サイ・トゥオンブリー・ギャラリー | Cy Twombly Gallery
レンゾ・ピアノ | Renzo Piano, Houston, USA, 1995

S-111. 香川県庁舎 | Kagawa Prefectural Government Hall
丹下健三 | Kenzo Tange, Kagawa, Japan, 1958

S-112. 幕張パークタワー | Makuhari Park Tower
鹿島建設 | Kajima Construction, Chiba, Japan, 2003

S-113. エクセター大学図書館 | Phillips Exeter Academy Library
ルイ・カーン | Louis I Kahn, New Hampshire, USA, 1972

S-114. 七ヶ浜町立遠山保育所 | Shichigahama Tohyama Ivursert
高橋一平 | Ippei Takahashir, Miyagi, Japan, 2013

S-115. ブリンモア大学女子寮 | Brinmore University Women's Dormitory
ルイ・カーン | Louis I Kahn, Bryn Mawr, USA, 1965

S-116. 古川市民会館 | Furukawa City Hall
武基雄 | Moto Take, Miyagi, Japan, 1966

S-117. カサ・デル・ファッショ | Casa del Fascio
ジュゼッペ・テラーニ | Giuseppe Terragni, Como, Italy, 1928

S-118. ピラミッド・ド・ルーブル | Pyramide du Louvre
イン・ミオ・ペイ | Ieoh Ming Pei, Paris, France, 1989

S-119. ツォルフェライン・スクール | ZollVerain School
SANAA, Essen, Germany, 2006

S-120. Chambre of Commerce, Kortrijk
OFFICE Kersten Geers David Van Severen, Kortrijk, Belgium, 2010

S-121. チャンド・バオリ | Chand Baori
チャンド王 | Raja Chand, Jaipur, India, 8th century

S-122. ゲーツ本社ビル | Götz Headquarters
ウェブラー+ガイスラー | Webler+Geissler, Würzburg, Germany, 1995

S-123. 国立西洋美術館 | The National Museum of Western Art
ル・コルビュジエ | Le Corbusier, Tokyo, Japan, 1957

S-124. ラ・マッダレーナの旧兵器庫 | Ex Arsenal at La Maddalena
ステファノ・ボエリ | Stefano Boeri, Sardinia, Italy, 2009

S-125. 国立通信制大学図書館 | University Library, U.S.E.D
ホセ・イグナシオ・リナザゾロ | Jose Ignacio Linazasoro, Madrid, Spain, 1994

S-126. 遺経楼（方形土楼） | Fujian Tulou
Fujian, China

S-127. 金沢海みらい図書館 | Kanazawa Umimirai Library
シーラカンス K&H | Coelacanth K&H, Ishikawa, Japan, 2011

S-128. イタリア文明宮 | Palazzo della Civiltà Italiana
Giovanni Guerrini+Ernesto Lapadura+Mario Romano, Roma, Italy, 1942

S-129. せんだいメディアテーク | Sendai Mediatheque
伊東豊雄 | Toyo Ito, Kyoto, Miyagi, Japan, 2000

S-130. 富弘美術館 | Tomihiro Museum
ヨコミゾマコト | Makoto Yokomizo, Gunma, Japan, 2000

S-131. ドイツ新ナショナルギャラリー | New National Gallery
ミース・ファン・デア・ローエ | Mies van der Rohe, Berlin, Germany, 1968

S-132. **Villa VPRO**
MVRDV, Hilversum, Netherlands, 1997

S-133. **9/11 Memorial**
ダニエル・リベスキンド | Daniel Libeskind, New York, USA, 2011

S-134. **サンスカル・ケンドラ美術館** | *Sanskar Kendra Museum*
ル・コルビュジエ | Le Corbusier, Ahmedabad, India, 1957

S-135. **マヤのピラミッド** | *El Castillo, Chichen Itza*
Yucatán Peninsula, Mexico, 8th–12th century

S-136. **グラナダ貯蓄銀行本社** | *Caja General Headquarters in Granada*
アルベルト・カンポ・バエザ | Alberto Campo Baeza, Granada, Spain, 2001

S-137. **ポートランド・ビルディング** | *Portland Building*
千利休 | Sen no Rikyu, Kyoto, 1582

S-138. **クンストハル** | *Kunsthal*
OMA, Rotterdam, Netherlands, 1992

S-139. **東京スクエアガーデン** | *Tokyo Square Garden*
日建設計 | Nikken Sekkei, Tokyo, Japan, 2013

S-140. **ラ・ロッカ・ワイナリー** | *La Rocca Winery*
レンゾ・ピアノ | Renzo Piano, Gavorrano, Italy, 2007

S-141. **越後妻有交流館キナーレ** | *Echigo-Tsumari Kouryukan*
原広司 | Hiroshi Hara, Niigata, Japan, 2003

S-142. **ラゾーナ川崎** | *Lazona kawasaki TOSHIBA building*
日建設計 | Nikken Sekkei, Kanagawa, Japan, 2013

S-143. **タージ・マハル** | *Taj Mahal*
シャー・ジャハーン | Shah Jahan, Agra, India, 1648

S-144. **バングラデシュ・ナショナル・ミュージアム** | *Bangladesh National Museum,* Syed Mainul Hossain, Dhaka, Bangladesh, 1983

S-145. **ボン美術館** | *Bundeskunsthalle*
グスタフ・パイヒル | Gustav Peichl, Bonn, Germany, 1992

S-146. **上海保利大劇場** | *Shanghai Poly Grand Theatre*
安藤忠雄 | Tadao Ando, China, 2014

S-147. **ジャーマー・マスジッド** | *Jama Masjid*
シャー・ジャハーン | Shah Jahan, Newdelhi, India, 1656

S-148. **新凱旋門** | *la Grande Arche*
Johann Otto von Spreckelsen, Paris, France, 1987

S-149. **東メボン** | *East Mebon*
ラージェンドラヴァルマン2世 | Rajendravarman II, Cambodia, 952

S-150. **バルセロナの街区** | *Barcelona Eixample*
イルデフォンソ・セルダ | Ildefonso Cerdá Suñer, Spain, 1855

- -

S-201. **メッセ・ウィーン** | *Messezentrum Vienna*
グスタフ・パイヒル | Gustav Peichl, Wien, Austria

S-202. **ヴォージュ広場** | *Place des Vosges*
アンリ4世 | Henri IV, Paris, France, 1612

S-203. **Great Mosque of Kufa**
Kufa, Iraq, 670

S-204. **北京国家水泳センター** | *Beijing National Aquatics Center*
PTW Architects+China State Construction+ARUP, China, 2008

S-205. **潮見台浄水場** | *Shiomidai Water Purification Plant*
Kanagawa, Japan

S-206. **太陽のピラミッド** | *Pyramid of the Sun*
Mexico City, Mexico, 2nd century BC

S-207. **ギザの3大ピラミッド** | *Giza Pyramid Complex*
クフ王 | Khufu, Cairo, Egypt, 2580 BC

S-208. **クアラルンプール国際空港** | *Kuala Lumpur International Airport*
黒川紀章 | Kisho Kurokawa, Sepang, Malaysia, 1998

S-209. **Abu Dulaf Mosque in Samarra**
Samarra, Iraq, 861

S-210. **ワット・プラ・タンマガーイ** | *Wat Phra Dhammakaya*
Luang Por Dhammajayo / Chandra Khonnokyoong, Bangkok, Thailand 1977

S-211. **アンコール・トム** | *Angkor Thom*
ジャヤーヴァルマン2世 | Jayavarman VII, Siem Reap, Cambodia, 12th century

多角形 | Polygon（pp54-67）

P-001. **住宅 No.76** | *Residence No.76*
池辺陽 | Kiyoshi Ikebe, Tokyo, Japan, 1965

P-002. **六角堂** | *Rokkakudo*
岡倉天心 | Tenshin Okakura, Ibaraki, Japan, 1905

P-003. **伊東豊雄建築ミュージアム** | Toyo Ito Museum of Architecture, Imabari
伊東豊雄 | Toyo Ito, Ehime, Japan, 2011

P-004. **桜山の家** | *House in Sakurayama*
堀部安嗣 | Yasushi Horibe, Kanagawa, Japan, 2004

P-005. **浅草の家** | *House in Asakusa*
堀部安嗣 | Yasushi Horibe, Tokyo, Japan, 2006

P-006. **さざえ堂** | *Sazaedo*
郁堂 | Priest Ikudo, Fukushima, Japan, 1796

P-007. **ウィグラツバードの巡礼道** | *Pilgrimage Chaurch in Wigratzbad*
ゴットフリート・ベーム | Gottfried Böhm, Wigratzbad, Germany, 1976

P-008. **コルセローラの塔** | *Torre de Collserola*
ノーマン・フォスター | Norman Foster, Barcelona, Spain, 1991

P-009. **不忍之池弁天堂** | *Shinobazunoike Bentendo*
Tokyo, Japan, 1625

P-010. **マリン邸** | *Malin Residence*
ジョン・ロートナー | John Lautner, California, USA, 1960

P-011. 法隆寺夢殿 | *Horyuji Temple Yumedono*
行信僧都 | Priest Gyoshin, Nara, Japan 739

P-012. 六甲枝垂れ | *Rokko-Shidare Observatory*
三分一博志 | Hiroshi Sambuichi, Japan, 2010

P-013. 名取市文化会館多目的ホール | *Natori Performing Arts Center Multipurpose Hall,* 槇文彦 | Fumihiko Maki, Miyagi, Japan, 2012

P-014. ダイマオキシン・ハウス | *Dymaxion House*
バックミンスター・フラー | Backminster Fuller, 1927(project)

P-015. ラテラノの洗礼堂 | *Battistero Lateranense*
Roma, Italy, 432-440

P-016. Emil Gutman House
ブルース・ゴフ | Bruce Goff, Mississippi, USA, 1958

P-017. Jaegersborg Water Tower
エドワード・トムセン | Edward Thomsen, Gentofte, Denmark, 1955

P-018. ねむの木こども美術館 | *Nemunoki Art Museum*
坂茂 | Shigeru Ban, Shizuoka, Japan, 1999

P-019. サン・ビセンテ・デ・パウルの礼拝堂 | *San Vincente de Paul Chapel,* フェリックス・キャンデラ | Felix Candela, Mexico, 1959

P-020. 水戸芸術館タワー | *Art Tower Mito*
磯崎新 | Arata Isozaki, Ibaraki, Japan, 1990

P-021. 25 May Sportcenter
イヴァン・アンティッチ | Ivan Antić, Beograd, Serbia, 1974

P-101. 葛西臨海水族館 | *Kasai Rinkai Park*
谷口吉生 | Yoshio Taniguchi, Tokyo, Japan, 1989

P-102. サン・ジョヴァンニ洗礼堂 | *Battistero di San Giovanni*
Firenze, Italy, 1059

P-103. Chichester Festival Theatre
Haworth Tompkins, UK, 2014

P-104. サン・ヴィターレ教会 | *Basilica di San Vitale*
Ravenna, Italy, 547

P-105. Restaurante MANANTIALES
フェリックス・キャンデラ | Felix Candela, Mexico City, Mexicoo, 1957

P-106. Castel del Monte
フリードリッヒ二世 | Friedrich II, Andria, Italy, 1240

P-107. サンタ・マリア・デル・フィオーレ大聖堂 | *Cattedrale di Santa Maria del Fiore,* フィリッポ・ブルネレスキ | Filippo Brunelleschi, Firenze, 1436

P-108. 亞洲大學現代美術館 | *Asia University Museum of Modern Art*
安藤忠雄 | Tadao Ando, Taichung, Taiwan, 2013

P-109. RAC 社地域センター | *RAC Regional Supercentre*
ニコラス・グリムショウ | Nicholas Grimshaw, Bristol, UK, 1993

P-110. ブラジリアのテレビ塔 | *Torre de TV de Brasília*
ルシオ・コスタ | Lucio Costa, Brasilia, Brasil, 1965

P-111. 東京全日空ホテル | *ANA Hotel Tokyo*
観光企画設計者 | Tourism planner designer, Tokyo, Japan, 1986

P-112. 岩のドーム | *Dome of the Rock*
アブドゥルマリク | Abdul Malik, Jerusalem, Israel, 692

P-113. ベルリンフィルハーモニー 室内楽ホール | *Kammermusiksaal*
ハンス・シャロウン | Hans Shallow, Berlin, Germany, 1963

P-114. 汐留メディアタワー | *Shiodome Media Tower*
KAJAMA DESIGN, Tokyo, Japan, 2003

P-115. 日比谷図書文化館 | *Hibiya Book and Culture Building*
高橋武士 | Takeshi Takahashi, Tokyo, Japan, 1957

P-116. ヌエストラ・セニョーラ・デ・グアダルーペ教会 | *Parroquia Nuestra Señora de Guadalupe,* Felix Candela, Madrid, Spain, 1961

P-117. ワン・ダラス・センター | *One Dallas Centre*
イン・ミオ・ペイ | Ieoh Ming Pei, Dallas, USA, 1979

P-118. ファルネーゼ宮 | *Palazzo Farnese*
ミケランジェロ | Michelangelo, Roma, Italy, 1546

P-119. ベラルーシ国立図書館 | *National Library Of Belarus*
ヴィクトール・クラマレンコ | Viktir Kramarenko, Minsk, Belarus, 2006

P-120. コメルツバンク本社ビル | *Commerzbank Headquarters*
ノーマン・フォスター | Norman Foster, Frankfyrt, Germany, 1997

P-121. HC Coombs Building
Canberra, Australia, 1964

P-122. アトミウム | *Atomium*
アンドレ・ワーテルケイン | André Waterkeyn, Brussels, Belgium, 1958

P-123. メルセデス・ベンツ博物館 | *Mercedes-Benz Museum*
UN Studio van Berkel & Bos, Stuttgart, Germany, 2006

P-124. シュエダゴン・パゴダ | *Shwedagon Pagoda*
Yangon, Myanmar, 15th century

P-125. ポンピドゥー・センター・メス | *Centre Pompidou Metz*
坂茂 | Shigeru Ban, Mets, France, 2010

P-126. 日本武道館 | *Nippon Budokan*
山田守 | Mamoru Yamada, Tokyo, Japan, 1964

P-127. バングラディッシュ国会議事堂 | *Sher-e-Bangla Nagar, Capital of Bangladesh,* ルイ・カーン | Louis I Kahn, Dhaka, Bangladesh, 1974

P-128. ポツダム広場 | *Potsdamer Platz*
Johann Philipp Gerlach, Berlin, Germany 1738

P-129. フォーラム・ビル | *Edificio Fórum*
ヘルツォーク＆ド・ムーロン | Herzog & de Meuron, Barcelona, Spain, 2004

P-130. CNIT la Defense
ベルナール・ゼルフィス | Bernard Louis Zehrfuss, Paris, France, 1958

P-131. 東京ドーム | *Tokyo Dome*
日建設計 | Nikken Sekkei, Tokyo, Japan, 1988

P-201. ブールタング要塞 | *Fort Bourtange*
Bourtange, Netherlands, 16th century

P-202. 五稜郭 | *Goryokaku*
Hokkaido, Japan, 1864

P-203. アドリアーノ公園 | *Parco Della Mole Adriana*
ハドリアヌス帝 | Emperor Hadrianus, Roma, Italy, 139

P-204. The Octagon
Dunedin, New Zealand

P-205. ペンタゴン | *The Pentagon*
Brehon B. Somervell, Washington.D.C, USA, 1943

P-206. Venture Out Resort
Mesa, USA

P-207. グランミケーレ | *Grammichele*
Catania, Italy

P-208. ヌフ＝ブリザック | *Neuf-Brisach*
ヴォーバン | Vauban, Haut-Rhin, France, 1702

P-209. City Hill, ウォルター・バーリー・グリフィン | Walter Burley-
Griffin, Canberra, Australia, 1960s

P-210. パルマノーヴァ | *Palmanova*
Vincenzo Scamozzi, Udine, Italy, 1593

P-211. キング・ハリド軍事都市 | *King Khalid Military City*
Al-Batin, Saudi Arabia, 1987

楕円形 | Ellipse （pp70-83）

E-001. 平原インディアンのティピー | *Plains Indians Tipi*
North America

E-002. 横浜風の塔 | *Tower of Winds*
伊東豊雄 | Toyo Ito, Kanagawa, Japan, 1986

E-003. Sant'Andrea in Via Flaminia
Giacomo Barozzi da Vignola, Roma, Italy, 1554

E-004. Villa Vals
SeARCH & CMA, Vals, Switzerland, 2009

E-005. Ora
峯田健 | Ken Mineta, Saitama, Japan, 2005

E-006. まんぼう 1997 | *Manbou 1997*
atelier a+a, Cap-Martin, Shizuoka, Japan, 1997

E-007. ナチュラルエリップス | *Natural Ellipse*
遠藤政樹 | Masaki Endoh, Tokyo, Japan, 2002

E-008. 紙の教会 | *Paper Church*
坂茂 | Shigeru Ban, Hyogo, Japan, 1995

E-009. 宮古島のみんなの家 | *Home-For-All in Miyatojima*
SANAA, Miyagi, Japan, 2013

E-010. 水の美術館 | *Water Museum*
伊丹潤 | Itami Jun, Jeju, Korea, 1995

E-011. Low-Energy Family House
Caraa, Štěchovice, Czech Republic, 2014

E-012. Torre Agbar
ジャン・ヌーヴェル | Jean Nouvel, Barcelona, Spain, 2005

E-013. ノアビル | *NOA Building*
白井晟一 | Seiichi Shirai, Tokyo, Japan, 1974

E-014. 聖鳩幼稚園 | *Mihato Kindergarten*
手塚貴晴・手塚由比 | Tezuka Architects, Kanagawa, Japan, 2013

E-015. 今井篤記念体育館 | *Plywood Structure-04*
坂茂 | Shigeru Ban, Akita, Japan, 2002

E-016. TID Tower
51n4e, Tirana, Albania, 2016

E-017. Villa V2
Guerin & Pedroza Architectes, Issy-les-Moulineaux, France, 2013

E-018. Sant'Andrea al Quirinale
ジャン・ロレンツォ・ベルニーニ | Gian Lorenzo Bernini, Roma, Italy, 1670

E-019. Bijlmer Park Theater
Paul de Ruiter, Amsterdam, Netherlands, 2007

E-020. ニーウ・スローテンの高層住宅 | *Woningbouw Nieuw-Sloten*
Atelier PRO, Amsterdam, Netherlands, 1995

E-101. ベネッセハウスオーバル | *Benesse House Oval*
安藤忠雄 | Tadao Ando, Kagawa, Japan, 1995

E-102. 真言宗本福寺水御堂 | *Water Temple*
安藤忠雄 | Tadao Ando, Hyogo, Japan, 1991

E-103. グラース裁判所 | *Grasse, Courts of Justice*
クリスチャン・ド・ポルザンパルク | Christian de Portzamparc, France, 1999

E-104. カンピドリオ広場 | *Piazza del Campidoglio*
ミケランジェロ | Michelangelo, Roma, Italy, 1590

E-105. 大宮前体育館 | *Omiyamae Gymnasium*
青木淳 | Jun Aoki, Tokyo, Japan, 2014

E-106. ふじようちえん | *Fuji Kindergarten*
手塚貴晴・手塚由比 | Tezuka Architects, Tokyo, Japan, 2007

E-107. ベルリン自由大学図書館 | *Philological Library*
ノーマン・フォスター | Norman Foster, Berlin, Germany, 2005

E-108. 氷見市海浜植物園 | *Himi Seaside Garden*
長谷川逸子 | Itsuko Hasegawa, Toyama, Japan, 1995

E-109. 品川インターシティ | *Shinagawa Intercity*
日本設計 | Nihon Sekkei, Tokyo, Japan, 1998

E-110. オアシス 21 | *Oasis 21*
大林組 | Obayashi Corporation, Aichi, Japan, 2002

E-111. 新港サークルウォーク | *Shinko Circle Walk*
アジア航測 | Asia Air Survey, Kanagawa, Japan, 1999

E-112. 藤沢市秋葉台文化体育館 | *Fujisawa Municipal Gymnasium*
槇文彦 | Fumihiko Maki, Kanagawa, Japan, 1984

E-113. 函館アリーナ | *Hakodate Arena*
大建設計 | Daiken Sekkei, Hokkaido, Japan, 2016

E-114. Sony Center
ヘルムート・ヤーン | Helmut Jahn, Berlin, Germany, 2000

E-115. 富士ゼロックス R&D スクエア | *Fuji Xerox R&D Square*
清水建設 | Shimizu Corporation, Kanagawa, Japan, 2010

E-116. 静岡県草薙総合運動場体育館 | *Gymnasium in Shizuoka Prefecture*
Kusanagi Sports Complex, 内藤廣 | Hiroshi Naito, Shizuoka, Japan, 2015

E-117. 養老天命反転地 | *Yoro Tenmei Hantenchi*
荒川修作＋マドリン・ギンズ | Shusaku Arakawa + Madeline Gins, Gifu, 1995

E-118. 銭形砂絵 | *Zenigata Sunae*
Kagawa, Japan

E-119. ノートル・ダム・ド・ロレート国際メモリアル | *Mémorial International de Notre-Dame de Lorette,* Philippe Prost, Ablain-Saint-Nazaire, France, 2017

E-120. アルルの円形闘技場 | *Arles Amphitheatre*
Arles, France, 90

E-121. なら 100 年記念館 | *Nara Convention Hall*
磯崎新 | Arata Isozaki, Nara, Japan, 1998

E-122. ウェールズ国立植物園 | *National Botanic Garden of Wales*
ノーマン・フォスター | Norman Foster, Wales, UK, 2000

E-123. ヴェロパーク | *Lee Valley Velopark*
マイケル・ホプキンズ | Michael Hopkins, London, UK, 2009

E-124. 水戸市立西武図書館 | *Mito City West Library*
新井千秋 | Chiaki Arai, Ibaraki, Japan, 1992

E-125. コロッセオ | *Colosseo*
Titus Flavius Vespasianus, Roma, Italy, 80

E-126. Manuka Oval
Griffith, Australia, 1929

E-127. 中国国家大劇院 | *National Center for the Performing Arts*
ポール・アンドリュー | Paul Andreu, Beijing, China, 2007

E-128. Jay Pritzker Pavilion
フランク・ゲーリー | Frank Gehry, Chicago, USA, 2004

E-129. ヴィトラ社工場 | *Factory Building on the Vitra Campus*
SANAA, Weil am Rhein, Germany, 2012

E-130. サン・ピエトロ広場 | *Piazza San Pietro*
ジャン・ロレンツォ・ベルニーニ | Gian Lorenzo Bernini, Vaticano, 1667

- -

E-201. ミュンヘン・オリンピアシュタディオン | *Olympiastadion Munich*
フライ・オットーほか | Frei Otto and Gunther Behnisch, Germany, 1972

E-202. アリアンツ・アレーナ | *Allianz Arena*
ヘルツォーク＆ド・ムーロン | Herzog & de Meuron, Munich, Germany, 2005

E-203. カンプ・ノウ | *Camp Nou*
Francesc Mitjans, Barcelona, Spain, 1957 (expanded:1982)

E-204. 新潟ビッグスワン | *Niigata Stadium*
日建設計 | Nikken Sekkei, Niigata, Japan, 2001

E-205. 高雄国家体育場 | *National Stadium Kaohsiung*
伊東豊雄 | Toyo Ito, Taiwan, 2006

E-206. 長居陸上競技場 | *Nagai Track and Fields*
昭和設計 | Showa Sekkei, Osaka, Japan, 1996

E-207. 東京スタジアム | *Tokyo Stadium*
日本設計 | Nihon Sekkei, Tokyo, Japan, 2000

E-208. エルンスト・ハッペル・シュタディオン | *Ernst Happel Stadion*
Otto Ernst Schweizer, Wien, Austria, 1929

E-209. エスタディオ・アステカ | *Estadio Azteca*
Pedro Ramirez Vazquez, Mexico City, Mexico, 1966

E-210. コングレスポ | *Congrexpo*
OMA, Lille, France, 1994

E-211. The Ellipse
Washington, D.C., USA

E-212. ベルリン・オリンピアシュタディオン | *Olympiastadion Berlin*
Werner March/Albert Speer, Berlin, Germany, 1936 (renovated:1974)

E-213. マラカナン競技場 | *Maracanã Stadium*
Michael Feldman, Waldir Ramos et al., Rio de Janeiro, Brazil, 1950

E-214. ウェンブリー・スタジアム | *Wembley Stadium*
ノーマン・フォスター | Norman Foster, London, UK, 2007

E-215. サッカー・シティー・スタジアム | *Soccer City Stadium*
Boogertman + Partners, Johannesburg, South Africa, 1987

E-216. ロンドン・スタジアム | *London Stadium*
POPULOUS, London, UK, 2011

E-217. AT&T スタジアム | *AT&T Stadium*
HKS, Inc., Arlington, USA, 2009

E-218. 北京国家体育場 | *Beijing National Stadium*
ヘルツォーク＆ド・ムーロン | Herzog & de Meuron, China, 2008

E-219. アレッポ城 | *Aleppo Citadel*
Aleppo, Syria, 3rd millennium BC - 12th century

E-220. ネルトリゲン | *Nördlingen*
Schwaben, Germany

出典リスト

○ p2, Compact Disc(Author: DeepSkyBlue)

This file is licensed under the Creative Commons Attribution-Share Alike 3.0 Unported, 2.5 Generic, 2.0 Generic and 1.0 Generic license.

URL: https://commons.wikimedia.org/wiki/File:CompactDisc.jpg

○ p3, The Earth seen from Apollo

public domain

URL: https://commons.wikimedia.org/wiki/File:The_Earth_seen_from_Apollo_17.jpg

○ p24, Pantheon(Author: Wknight94)

This file is licensed under the Creative Commons Attribution-Share Alike 3.0 Unported license.

URL: https://commons.wikimedia.org/wiki/File:Pantheon_interior.jpg

○ p30, Millennium Dome(Author: mattbuck)

This file is licensed under the Creative Commons Attribution-Share Alike 3.0 Unported license.

URL: https://commons.wikimedia.org/wiki/File:London_MMB_%C2%ABR9_Millennium_Dome.jpg

○ p31, Fermilab

public domain

URL: https://commons.wikimedia.org/wiki/File:Fermilab.jpg

○地図（2点）

URL: http://user.numazu-ct.ac.jp/~tsato/tsato/graphics/map_projection/

○ p40, Jyodoji(Author: Jnn)

This file is licensed under the Creative Commons Attribution 2.1 Japan license.

URL: https://commons.wikimedia.org/wiki/File:Jyodoji-ono001.JPG

○ p66, The Pentagon

public domain

URL: https://commons.wikimedia.org/wiki/File:The_Pentagon_US_Department_of_Defense_building.jpg

○ p67, Palmanova(Author: sailko)

This file is licensed under the Creative Commons Attribution-Share Alike 3.0 Unported license.

URL: https://commons.wikimedia.org/wiki/File:Palmanova,_piazza_grande_12.JPG

○ p68, Snowflake macro(Photo by Aaron Burden on Unsplash)

Crediting isn't required, but is appreciated and allows photographers to gain exposure. Copy the text below or embed a credit badge

URL: https://unsplash.com/photos/5AiWn2U10cw

○ p68, Buckminsterfullerene

public domain

URL: https://commons.wikimedia.org/wiki/File:Buckminsterfullerene-2D-skeletal.png

○ p68, Pyriteespagne(Author: DidierDescouens)

This file is licensed under the Creative Commons Attribution-Share Alike 4.0 International license.

URL: https://commons.wikimedia.org/wiki/File:Pyriteespagne.jpg

○ p68, Holmium–magnesium–zinc quasicrystal

public domain

URL: https://commons.wikimedia.org/wiki/File:Ho-Mg-ZnQuasicrystal.jpg

○ p68, White phosphorus

public domain

URL: https://commons.wikimedia.org/wiki/File:White_phosphorus_molecule.jpg

○ p68, Virus

public domain

URL: https://commons.wikimedia.org/wiki/File:Papilloma_Virus_(HPV)_EM.jpg

○ p79, Colosseum(Author: Jean-Pol GRANDMONT)

This file is licensed under the Creative Commons Attribution-Share Alike 3.0 Unported license.

URL: https://commons.wikimedia.org/wiki/File:0_Colosseum_-_Rome_111001_(2).JPG

写真撮影者

○岩岡竜夫 (pp18-19, p25, p40, pp46-47, pp50-51, p57, p62, p83)

○大村高広 (pp72-73, p78, p82)

○岩下泰三 (p56)

○堀越一希 (p63)

著者：図研究会

岩岡 竜夫

1990　東京工業大学大学院博士課程修了
現 在　東京理科大学理工学部教授

岩下 泰三

1984　武蔵野美術大学大学院修士課程修了
現 在　有限会社スペースラボ代表

竹内 宏俊

2005　東海大学大学院工学研究科博士課程修了
現 在　日本工業大学准教授

大村 高広

2017　東京理科大学大学院修士課程修了
現 在　東京理科大学大学院博士課程

図4・建築のスケール・Scale of Architecture
2018年3月31日　第1版第1刷発行

著　　　者　図研究会（代表　岩岡竜夫）
発 行 者　橋本敏明
発 行 所　東海大学出版部
　　　　　〒259-1292 神奈川県平塚市北金目4-1-1
　　　　　電話 0463-58-7811　振替 00100-5-46614
　　　　　URL　http://www.press.tokai.ac.jp/
印 刷 所　港北出版印刷株式会社
製 本 所　誠製本株式会社

©Group Z, 2018　　　　ISBN978-4-486-02169-8

・ JCOPY 〈出版者著作権管理機構 委託出版物〉
本書（誌）の無断複製は著作権法上での例外を除き禁じられています. 複製される場合は, そのつど
事前に, 出版者著作権管理機構（電話03-3513-6969, FAX 03-3513-6979, e-mail: info@jcopy.or.jp）の
許諾を得てください.

制作協力

長田久樹・川口大輝・佐藤健太・手島悠介・横山一晃